鄧曉華平遥瓦當輯錄

吴门白楼

DENGXIAOHUA PINGYAO WADANG JILU

梁慧晶 著

山西经济出版社

总序一

INTRODUCTORY

平遥传统文化系列丛书

文化是民族的血脉，是人民的精神家园。2700多年源远流长的历史长河中，平遥积淀了深厚的传统文化，既是一笔宝贵的财富，又是一种沉甸甸的历史责任。像重视教育、崇尚勤俭，精于耕作、吃苦耐劳等有代表性的民俗文化，像“节俭勤奋、明礼诚信、精于管理、勇于开拓”的晋商精神，这样的思想和理念，已经成为民族的基因，植根于人们的内心，潜移默化地影响着国人的思想方式和行为方式。不论过去还是现在，都有其鲜明的民族特色，都有其永不褪色的时代价值。坚持古为今用、推陈出新、去粗取精、辩证扬弃地保护、发掘、整理、传承和利用好传统文化，不仅有助于平遥自身的发展，对于传播中华优秀传统文化，展示山西和中国形象也具有极其重要的意义。

近年来，立足国家历史文化名城和世界文化遗产的实际，平遥县委、县政府以高度的文化自觉和文化自信，把握品牌龙头的独特地位，担负传承弘扬的历史责任，发挥影响引领的牵动作用，把文化大保护、大繁荣、大发展作为贯彻落实科学发展观的基本要求，作为共筑平遥梦、再创黄金期的战略重点，进一步推动文化建设与经济建设、政治建设、社会建设以及生态文明建设协调发展。文化成为平遥区别于其他地方最鲜明的标志和特色名片，成为平遥经济发展最丰厚的资源和发展优势，在赢得关注支持、凝聚奋斗力量、推进事业发展等方面起到了至关重要的作用。

在文化平遥建设发展的征程中，全县各级各界，特别是文化战线上的工作者，做了大量默默无闻而又功在千秋、功不可没的基础性工作。围绕平遥古城的保护、世界文化遗产的申报，平遥国际摄影大展、平遥中国年等节庆活动和国际品牌的打造等，一代又一代平遥人、文化人响应县委、县政府的号召，在文化有识之士的引领下，怀着一颗热爱文化、厚植文化和回报家乡、造福平遥的赤子之心，兢兢业业工作、任劳任怨奉献，日复一日以心血汗水耕耘平遥这片文化沃土。

《平遥传统文化系列丛书》是文化平遥建设取得的又一丰硕成果。该书的编辑既是一项浩大的文化工程、社会工程，也是一项意义非凡的抢救工程、功德工程。《丛书》选择平遥传统文化中具有较高美学价值和科学研究价值的类别，通过调查、访谈、查阅、整理等多种方式，取第一手资料编辑而成。既有史料性质的《平遥票号史料汇编》，有经典选段性的《平遥秧歌》，也有整体介绍性的《平遥弦子书》，还有考证性的《平遥民俗考究》、《平遥瓦当》等。范围深广、内容丰厚、颇具价值。

《丛书》是一份遗产录、一座资源库，也是一本教科书。以总结历史、盘点遗产为出发点，以延续文脉、服务现实为宗旨，选取不同专题集结成册，融史料性、知识性、学术性和可读性于一体，给人们保留了一份珍贵的人文遗产。通过对传统文化现象的分析和研究，为人们认知县城文化、生产生活和人文精神提供了史料，为挖掘、开发和发展平遥，促进文化创意与经济的融合搭建起了一座资源宝库。更通过弘扬平遥优秀传统文化和传统美德，启发人们自己去调查、去研究、去思考、去发现、去体会，用文化感化大众，用文化改造生活。

不忘本来才能开辟未来，善于继承才能更好创新。当今时代，文化越来越成为民族凝聚力和创造力的重要源泉，越来越成为区域综合实力竞争的重要因素，越来越成为经济社会发展的重要支撑。在这样的大背景下，拥有悠久历史、辉煌昨天的平遥，更有着灿烂的明天。我们的祖先能够缔造“汇通天下”的商业奇迹，创造形成了极富魅力的晋商精神，作为晋商后裔，当代平遥人也一定能不负祖先的荣光、时代的召唤，肩负崇高责任和神圣使命，为文化平遥的建设，为平遥梦、黄金期的实现，做出更大的贡献！

是为序。

中共平遥县委书记　　卫明喜

平遥县人民政府县长　　曹治胜

总序二

INTRODUCTORY

平遥
传统文化
系列丛书

平遥，古陶地，2700多年的历史，积淀了丰厚的文化底蕴，是著名的世界文化遗产和国家历史文化名城。

山西是中国农耕文化的一个重要发源地，是中国农业文明的摇篮。汉唐以来，平遥以农耕为本，耕读传家，人文荟萃，集合了儒家文化及各类文化为一体的农耕文化，在这里形成了自己独特的文化内容和特征；明清以来，随着晋商的崛起，平遥农工并举，商贸兴隆，以银两汇兑为代表的票号文化促进多元文化交流融合，语言、戏剧、民歌、风俗、商业、建筑、饮食、宗教、武术、书画等各个领域的文化交相辉映，自然文化遗产和非物质文化遗产资源多元互融，构成平遥独具个性与特色的文化生态。

平遥古城是一座真正的古城，迄今还保留着中原地区汉民族起居生活的传统形态和民风民俗。“平遥古城是中国汉民族城市在明清时期的杰出范例，平遥古城保存了其所有特征，而且在中国历史的发展中为人们展示了一幅非同寻常的文化、社会、经济及宗教发展的完整画卷。”一座城市的历史就是一个民族的历史，保护这些遗产的真实性和整体性，是实现当代人与子孙后代共享遗产资源的唯一正确的选择，也是人类社会可持续发展的基本保证。

文化的延续性在于继承，文化的包容性在于开放，文化的生命力在于创新，传统文化只有与人们的生产生活紧密结合才具有鲜活的生命力。在继承、保护和合理开发利用文化遗产中，我们不能简单地把文化遗产仅仅当作一个项目保留下来，更重要的是发现、发掘、发扬文化遗产所蕴含的历史的、文学的、艺术的、科学的价值，去粗取精，推陈出新，创造出符合时代特征的新的文化产品和新的文化业态，使文化遗产进一步融入人们的生活和城市发展，让人们亲身感受文化遗产就在自己身边，进而自觉地爱护、保护这些人类创造和自然演化的不可替代的宝贵财富。

《平遥传统文化丛书》选择具有较强精神价值、美学价值和科学研究价值的类别，涵盖票号文化、建筑文化、民俗文化、武术文化、戏曲文化、书画文化等诸多学科，将有形的、无形的、静态的、动态的、物质的、非物质的平遥传统文化进行了全方位的梳理和展示，为挖掘、研究和开发平遥传统文化搭建了一个信息资料平台，让人们能够较为清楚地认识和了解平遥的历史脉络和文化特征。

民族之魂，文以化之；城市之魂，文以铸之。今天，我们在保护文化遗产，从历史中汲取文化的养分的同时，更应该思考如何创造与新的变革的时代相称的具有代表性、标志性的文化。作为基层文化部门，我们有责任使本地传统的文化遗产家喻户晓、深入人心，植根社会，成为群众生活的一部分。

马文辉

总前言

PREFACE

平遥
传统文化
系列丛书

平遥县位于黄河中游、黄土高原东部的太原盆地西南，距离省会太原107公里，首都北京576公里，古都西安508公里，古都洛阳404公里，优越的地理位置，在历史漫长的发展过程中，各种文化包容兼蓄，形成了平遥文化开放包容的特征。

平遥历来人多地少，土地贫瘠，自古“务稼穑，事织纺”，手工艺行业发达，邑人好商贾、善商业金融之风世代相传。清嘉庆年末，平遥商帮已遍布全国通都大邑，商业的繁荣促进了金融业的发展，进而发展成为中国最大的票号中心城市。

历史是根，文化是魂，历史文化托起人类的精神家园。平遥是一座具有厚重历史、弥漫文化气息的古城，其汉民族传统文化特色十分突出。平遥文化是华夏文化的一支主脉，是平遥对人类的一大贡献。面对平遥，就能唤起人们对历史文化的追忆，唤起人们对先人创造的灿烂文化的自豪。

作为世界文化的遗产的一城两寺以及众多的历史遗存，是平遥历史文化的形和体，而蕴藏于历史遗存背后的先人智慧、精巧工艺、民风民俗，则是平遥历史文化的神和魂。随着保护工作的深入开展和大力发掘，平遥的非物质文化遗产逐渐的呈现于世人眼前，并呈现出两个特点：一是门类齐全、数量众多，收集线索1000余条，挖掘整理列入县级名录的87项，民间文学、民间音乐、民间舞蹈、传统戏剧、曲艺、杂技与竞技、民间美术、传统手工技艺、传统医药、民俗十个门类齐全；二是特色鲜明、价值较大。通过筛选申报，一批地方特色鲜明、存续价值较大的项目被列入各级名录，其中，国家级名录4项，省级名录16项，市级名录39项，有中华一绝的纱阁戏人、巧夺天工的推光漆器、风味独特的平遥牛肉、妙手回春的王氏妇科……

非物质文化遗产作为弥足珍贵的文化资源，随着一些先哲的故去，会给保护与挖掘工作留下无法挽回的缺憾，基于这样的紧迫感，我们调动社会相关有识之士的积极性，集众家之长，深入研究与整理，形成系列，每册书各有侧重，各有主编。

对《平遥传统文化系列丛书》的编辑，就是对平遥的历史文化资源进行较为系统的梳理和汇集，给予原真性的保护，以供后人更好地利用这些资源，进一步研究与开发。比如：虽然对晋商研究者较多，也形成了不少的专著，但在文化创意嫁接上处于低谷，《平遥票号史料汇编》的收集，意在为社会有识之士进行考察研究、探索开发、艺术授权提供佐证；《弦子书》、《秧歌》、《戏曲》等方面，平遥曾经都比较活跃，对其唱腔、韵律、唱词等进行整理，记录一个历史时期的印记，是对历代人民群众生活状态的反映和特征的展示；镖局的产生与商贸发展有着必然的联系，平遥作为一个县城，镖局曾一度兴起，也印证了平遥开放的地位和商业的繁荣，《平遥镖局》沿着这一脉络，整理镖局同晋商、同武术的关系，让人们更好地理解平遥人文和历史的发展。

文化是民族的血脉，人民的精神家园，党中央提出推动社会主义文化大发展大繁荣、建设社会主义文化强国的战略决策，让传统文化活起来成为当前中华民族伟大复兴的重要举措，在此背景下，《平遥传统文化系列丛书》应运而生。此前，已出版过一些研究平遥文化的书籍，本丛书按照尊重史实、积累资源的原则，引用了一些专家学者用过的史料，在此特予说明。丛书的整理出版先后得到国家、省、市文化主管部门的帮助与支持，在此一并致谢。

编 者

2015年1月

序一

INTRODUCTORY

瓦当

WADANG

20世纪80年代，我为平遥古城的保护而奔走呼号。其后，平遥在1986年12月被国务院公布为第二批“国家历史文化名城”，1997年12月3日平遥古城又被列入《世界文化遗产名录》。当时，联合国教科文组织给予了平遥很高的评价：“平遥古城是中国汉民族城市在明清时期的杰出范例，平遥古城保存了其所有特征，而且在中国历史的发展中，为人们展示了一幅非同寻常的文化、社会、经济及宗教发展的完整画卷。”

平遥古城是中国古代历史文化的宝库，具有十分厚重的文化底蕴。在保护研究这一历史文化遗存的过程中，平遥的民间人士也发挥了不可忽视的作用。多年前，平遥文化学者成乃凡先生便将其几十年收集珍藏的八十余方瓦当编辑整理并付梓出版，让世人对平遥瓦当有了一个初步的了解。

今年，邓晓华同志又与有志于传播平遥文化的青年教师梁慧晶同志合作，选录其收藏的一千余方瓦当中的六百多方，编著成《邓晓华平遥瓦当辑录》一书，他们请我审阅并为之作序，像这样用建筑小品来反映平遥古城的书籍，我当然乐于为此写些文字，因为，把这种传统的古建筑文化艺术介绍到青年学生当中，也是传承中国传统文化的有效手段之一。

瓦当，是古代建筑物不可或缺的建筑构件。在屋檐铺瓦，下端部瓦当兼具导水、装饰、美化建筑物的作用，既有实用性又是艺术品。本书收集了上起西周下迄明清以及近代的数百方瓦当，可谓题材丰富，具有浓厚的地方文化气息，其价值弥足珍贵。

比如：印证平遥历史印迹的西汉“长生无极”瓦当；北汉的“佛、法”琉璃文字瓦当、滴水；宋代的“莲生贵子”纹滴水；辽金时期的“少女缠枝楸纤”纹滴水；元代手工刻画工艺的“水纹”滴水；明清时代平遥的典范之作“犀牛望月”瓦当；珍稀的明代人物纹“焚香祭天”瓦当等。这些瓦当凝聚着平遥工匠的心血，刻画着平遥历史的烙印，从一个特殊的角度诠释了平遥古城的风采，饱含着浓厚的平遥文化韵味。

希望通过该书的出版，会有更多的地方学者、文化藏家和古城传统文化艺术的“守望者”们，为平遥和其他古城的传统文化、历史遗产的传承和保护，做出自己的努力和贡献。

阮仪三

2014年10月于上海

序二

INTRODUCTORY

瓦当
WADANG

邓晓华先生是我未曾谋面而认识的第二位平遥人，瓦当收藏研究“发烧”级人物。真感慨现代科技带给我们的便利，第一位平遥成乃凡君以电话交流，与邓君却用的微信，连电子邮箱都跨越了。记得我给乃凡先生的序中言及“他孜孜以求的钻研精神，给我留下深刻的印象”，而晓华君所表现出的也是执着与恳切有加，他们具备同样的品格，即对平遥瓦当乃至平遥大文化的挚爱。平遥是他们共同的故乡，对故乡的热爱是一种美德，我向来推崇传统礼性，因此不加思索就与他成了意象中的好友。听得出他是个实在人，言语坦诚，待人率真，正如他微信签名所表白的“识几个字，断几句文，有点艺术素质，会点雕虫小技，厚道、耿直”。前几句属邓君谦恭，“厚道、耿直”则真个的，凭我直觉，他应该是这样的人。

瓦当看似普通（主要指材质言），却很早就受到学问人的关注。宋元金石学家已注意收录瓦当并据其出土地点考察相关史迹，清代时瓦当著录与研究几成规模。近现代的瓦当研究日益见热，图录、专论层出不穷，而瓦当收藏也成为艺术品爱好者的优选类项。其实也难怪，瓦当上多姿多彩的花纹图案、丰富的文字内容及秀丽俊逸之书体，精深的学术价值之外又带给人美的享受，得到人们喜爱是理所当然的。

我们高兴地看到，对一个区域的瓦当进行专门搜集与研究，不少热心者为之付出了积极努力，已见不少成果问世，平遥一地将达到有两本这样的著作出版，实在很鼓舞人。其无疑会为悠久浑厚的平遥古文化添姿增彩。

晓华君是有心人，收这么多东西，除了感情，他一定对中国古代瓦当有深入的理解和感受，他说他为收藏几乎倾尽其积蓄。让人钦佩和感动！今见《邓晓华平遥瓦当辑录》即将面世，我们为他感到些许释然，为之庆幸。同时向为此书成书与出版付出卓越努力的梁慧晶女士点赞，看得出是下了不小功夫的。

晓华君还是平遥木版年画传承人，说来算缘分吧，本人也还喜好这行当。本人出生于“凤翔木版年画”的故乡，年轻时曾供职当地的文化馆，那是百废待兴的年头，曾受命参与凤翔木版年画的恢复与发展而经历过数年艰辛，其现已入国家级非物质文化遗产名录，几名传承人至今与我保持着联系。几年前我编著《凤翔民间美术》一书，木版年画是其中一大块内容。共有的爱好使我与晓华君感同身受，他告诉我传承工作举步维艰。能够理解晓华君的处境，想象他一定是凭着对传统艺术的一腔热情挣扎坚持，借此也呼吁地方政府对此给予应有的支持。愿邓晓华先生的艺术追求能有完美的体现！

赵从苍

甲午孟冬草于西北大学文化遗产学院

前言 PREFACE

瓦当
WADANG

瓦当是中国古代建筑中的重要建筑材料，是不可或缺的组成部分。在中国建筑史上，陶瓦的发明与使用有着划时代的意义。而古城平遥的瓦当文化，作为中国瓦当历史的重要组成部分，凝聚着古代劳动人民的心血和艺术素养，饱含着古代工匠的韵味和风采。瓦当的使用，不仅可保护屋檐、椽头免受日晒雨侵，延长建筑物的寿命，而且以其图案与文字的美妙生动，达到装饰和美化建筑物的艺术效果，是实用与美观相结合的产物。瓦当有圆形和半圆形、圆弧三角形、变形圆形等多种形制，最初出现的瓦当是素面无“纹”的，只体现了遮风挡雨的实用功能。

随着社会的发展和生产力的提高，传统建筑美学的建立，审美观念的变化和进步，人们在瓦当的当面施以多种装饰，有图案、画像、文字等形式，遂成实用和艺术的有机统一。正是由于民间艺人所刻饰的当面中那些富涵文化的精美纹饰，使其丰富的文化价值与艺术魅力远远大于了实用价值。

此外，瓦当还是绘画、工艺和雕刻相结合的艺术，为中国书法、篆刻、绘画等方面的研究提供了宝贵的资料。其纹饰各具时代特征，风格迥异，又极富装饰性：既有点线巧妙变化的结合，又有明快写实的气韵，文字瓦当的写法，其线条在刚柔、曲直、方圆、疏密、敧正等诸方面都达到了高度的和谐；或方峭，或流美，浑然天成，端方而又变化无穷。

古代瓦当不仅有很高的艺术价值，还有很高的学术价值。它的图案、文字、画像还是政治、经济、文化等重要信息的载体。研究瓦当，有助于了解古人的生活起居、习俗好尚，又为现代环境设计、平面设计、服装设计等各个不同的领域提供了重要的素材。

我国古代先民在朴素的造型观念下展示出的构成之美，不仅在艺术和设计中载负着重要的意义，而且这些形式本身的客观构成原则，给我们提供了一个创作与设计的坚实基础。

中国著名的建筑学家梁思成先生在他编写的《中国建筑史》一书中就说过："我国各代素无客观鉴赏前人建筑的习惯。在隋、唐建设之际，没有对秦汉的旧物加以重视或保护。北宋之对唐，明清之对宋元遗构，亦未加爱惜……"这种破坏和摧残似乎仍未引起人们的重视。从某种角度上说，这是历史发展的悲哀。所幸的是当今社会中还有很多热衷传播传统文化，热爱民族文化艺术传承的"守望者"，也正是因为他们坚守、珍视、收集整理了这些中华民族传统文化的艺术品，使这些中华民族传统文化艺术的"遗珍"能够得以留存和传承。笔者有幸，能够与邓晓华先生合作，将这种古代建筑文化艺术的瑰宝——瓦当，介绍给大家，介绍给所有从事艺术设计和喜欢中国传统文化的人们！

梁慧晶

2014年9月20日

目录

CONTENTS

瓦当

WADANG

平遥传统文化系列丛书

平遥瓦当

目录
CONTENTS

瓦当
WADANG

瓦当简述

瓦当，俗称“筒瓦头”或“瓦头”，从功用上也有叫“瓦挡”的，宋以后，称“瓦头”、“勾头瓦”，平遥人的俗称叫“猫头”，是从纹饰的角度上约定俗成的。瓦是依附于传统建筑物上的构件，有板瓦和筒瓦之分，分别覆于建筑的屋顶、房檐、屋脊等部位。在房顶上将板瓦由屋檐口向上依次仰铺，要求上瓦压下瓦，铺设若干行，以覆盖屋顶；再在成行成排相邻的两组仰瓦间的接缝处，覆盖以筒瓦，瓦唇相接，上瓦压下瓦，一直排列到屋檐下端。其主要功能就是将降水排干，使覆瓦之下的木质构建免于受潮腐朽，从而得到延长建筑物的使用寿命。不论是板瓦或筒瓦都会在连续排列的众瓦边缘，在椽子末端覆以瓦头，以护椽头。瓦身是将椽子的末端纳于其中的主要部位，其顶端下垂的特定部分，就是“瓦挡”。筒瓦“挡”，也叫“瓦当”。唐代以降出现了板瓦“挡”，人们习惯叫“滴水”，也可称为“瓴尾”，“瓴”是房上仰盖之板瓦的别称。

瓦当与滴水，如人之手足、鼓与棒槌，同出一体，互为配合，又紧密相邻，一高一低，功能各异，但都为“挡头”，都有遮挡、美化之功效。

瓦当最初的形制是素面无纹的，仅体现了遮挡风雨的实用功能，这大概是在3100年前的西周王朝的建筑中使用的。在陕西扶风、岐山周原遗址发现的素面瓦当，是目前考古史上瓦当出现的最早实证。随着社会的发展和生产的不断提高，文化的进步，审美观的变化，建筑美学的建立和完善，人们在保留瓦当原有的实用功能上，又赋予了其装饰和美化功能，这样瓦当就出现了各种各样的纹饰。

瓦当的纹饰最初来源于人们对神灵的崇拜，这种图腾文化和从生活、生产中所产生的尚美文化，共同催生出了春秋战国时期各具地域特色的瓦当纹饰。

例如：流行于齐国的树木双兽、云纹半瓦当；赵国的素面圆瓦当、鹿纹瓦当；燕国的饕餮纹；秦国的动物图案；楚国和鲁国的也各有特色。秦统一六国以后出现了全国各地瓦当造型风格大融合的时代，形成了秦代的清新写实风格；“图案瓦当”多以涡纹为主；“画像瓦当”多以树木、动物等图案组成。这些瓦当图案皆来源于人们的生产、生活，纹饰反映了秦人由狩猎生活向农业生活的转变。汉代稳定的政治和繁荣的经济，推动着文化艺术的飞跃发展。

瓦当纹饰由具象向抽象、由写实到写意，变化无穷的云纹瓦当长期占领着主导地位，甚至在魏晋时期延续了很长时间。大约在西汉中后期，文字瓦当逐渐繁盛起来，词句丰富，章法布局多样，与“四神”瓦当共同将瓦当艺术推到了历史上的鼎盛时期。魏晋南北朝时期随着佛教的兴盛，云纹瓦当仍保留了一段时期，但开始简化变形，渐渐消失。莲花纹、兽面纹逐渐流行。在唐代早期随着佛教文化的再次兴盛，继续流行莲花纹瓦当，纹饰直接继承了北魏风格，只是瓦当形制有所区别。兽面纹瓦当产生了不同的风格，到唐中后期，龙纹瓦当出现，文字瓦当逐渐退出历史舞台。

宋、辽、金时期，兽面纹瓦当仍然流行并得到发展，花卉纹瓦当开始兴盛，由写意的图案转变为写实的图案。元代是强悍的游牧民族的政权，以兽面纹瓦当为主，兽面多具凶残、暴虐、强悍的特点，花卉纹也显现出粗犷、豪放的特点。

明代，龙纹饰是瓦当的主要纹饰，其形象生动，变化无穷。明、清两代的瓦当纹饰与各类艺术品、生活用品都充分体现了人们对美好生活的向往和追求，皆为寓意吉祥、内容丰富的传统纹饰。

在瓦当艺术史上，人们普遍认为宋、元以后瓦当趋于低迷。而在我国北方地区的山西——孕育出晋商文化的晋中腹地，明、清时期的“瓦当”不是走入低谷，而是更加繁盛起来。兽面纹，多种多样，五彩斑斓，狮、虎、猫等动物纹饰均出现在瓦当的纹饰中，只兽面纹一种纹饰在平遥出现的就有两百多个面孔。

平遥的动物纹瓦当多以瑞兽、灵兽为主，龙纹、凤纹、麒麟纹、犀牛纹、象纹、牛纹、马纹、鹿纹等等数不胜数。花卉纹有菊、荷、莲、牡丹、忍冬等，而且还有珍稀的文字瓦当、人面瓦当、人物纹瓦当、佛道专用瓦当。

平遥的制陶在中国的瓦当史上，还占有不可或缺的一笔。元代初始，山西阳城一带创烧出了琉璃瓦当及琉璃建筑构件，元末明初，烧制琉璃的技术传到了汾州府的平遥、介休以及文水等县，平遥将著名的琉璃品种——孔雀蓝迅速发展完善，技术日趋成熟，烧制的瓦当、建筑构件迅速推广到中国的大江南北，对中国古代的建筑做出了重要的贡献。

即使在当代，传统工艺制作的瓦当、建筑构件也是中国古典建筑不可缺少的重要组成部分。它是人们探索美学思想、艺术风格和不同时代的政治、经济、文化的重要物质载体。

概述
SUMMARY

瓦当
WADANG

平遥瓦当

云纹瓦当

秦汉实行郡县制，置平陶县，属太原郡。北魏始光元年（424年），因避太武帝拓跋焘名讳而更名平遥县，县治即今天的平遥古城。

平遥瓦当的使用历史与志史所述基本吻合。20世纪80年代，在城南平遥电视台建设工地，平遥李建平先生得汉代绳纹板瓦一件，长7.5厘米，宽30厘米，瓦厚1.5厘米。平遥县博物馆有一件馆藏汉代绳纹筒瓦，由县文物局在京陵城遗址东南的金庄村考古发掘。平遥瓦当的收藏老前辈成乃凡先生所藏东汉云纹瓦当残片，当径13厘米，是平遥已故文化学者、鉴藏大家石生泉先生于城北汉代遗址捡得。平遥籍书法家梁峰宵先生也藏得一枚东汉云纹瓦当残片，尺寸、纹饰与成乃凡先生所得一般无二，瓦当出于阎良庄村京陵城遗址。笔者有幸收到一方西汉文字瓦当“长生无极”，出土于平遥京陵城遗址西南屡出汉墓的庞庄村，出土时已裂成几块，拼接后，所幸无缺，当径16.8厘米，当厚1.7厘米，瓦当胎土细密、坚硬，边轮有明显的手工切割痕迹，烧造火候高，当面略有变形，制作工艺较差，瓦当胎体单薄，所有特征均符合汉代县治等级的瓦当使用规制。它印证了平遥在西汉建制为县的历史，是平遥目前发现的年代最早的瓦当。瓦当收藏爱好者杜建勇先生所藏唐代“莲花纹”瓦当得于平遥古城邵家巷新道街一处古建筑地基，残留瓦身3厘米，当径16厘米，当厚1.8厘米，瓦身宽16.3厘米，边轮2.2厘米，纹饰直接从北魏莲花纹瓦当继承过来，是平遥古城内发现最早的瓦当。还有珍贵的被视为孤品的镇国寺定制瓦当：佛道类琉璃文字瓦当、滴水，“佛”字瓦当、“法”字滴水组合使用为佛家偈语“佛法无边”。再有如中国瓦当史上极其珍贵罕有的“人物”瓦当：明代的“焚香祭天”纹“人物”纹滴水；辽金的“少女缠枝楸纤”纹滴水、宋代的“莲生贵子”纹滴水。还有元代的手工刻画工艺的“水纹”滴水，明、清两代平遥特有的寓意祥瑞的“犀牛望月”纹瓦当，“文化大革命”时期的工农兵“忠”字纹瓦当，不胜枚举。

山西是中国现存古代建筑最久远最多的地区，全国现存的四座最早的砖木结构建筑尽在山西，有五台山“南禅寺”和“佛光寺”、芮城“广仁王庙”和平顺县“天台庵”，皆属唐代建筑。山西腹地晋中是宋、元、明、清建筑遗存最为丰富的地区，平遥、介休、祁县的元、明、清历史建筑尤为集中。

“长生无极”文字纹瓦当

莲花纹瓦当

“文革”瓦当

文字纹滴水

瓦当应建筑而生，也因建筑的地域、时代、等级规制、功能不同而有别。平遥瓦当从出处、历史遗存的考证来看，使用历史久远，两汉、魏、唐、宋、辽、金、元、明、清至近现代各个历史阶段皆有留存，体系完整，形制纹饰多样，脉络清晰，出处明确，各代都有珍品，各具价值。从形制上看，瓦当当面有凸凹，边轮有宽窄，形状有圆形、扁圆形、朵边、朵边如意头、圆弧三角形，滴水有月形、定字形、长方圆弧形，巧妙多变，构思精巧。从种类上看，有灰陶瓦当和琉璃瓦当两种。琉璃瓦当以陶为胎，施以琉璃釉（主要成份是氧化铅）再入窑烧制。中国在战国时期即出现琉璃工艺，但质料不纯，有时与料器混合不清。到了宋代，才出现正真的琉璃工艺。元、明以来，山西是烧造琉璃工艺的主要产地，山西的阳城、平遥、汾阳、文水，陕西的朝邑，河南的修武以及北京（琉璃厂）、南京、山东等部分地区，都出产过琉璃器皿。明、清以来，烧造琉璃的技术更有发展，釉色及品种都有增加，釉色从黄、蓝、绿三色发展到翡翠绿、孔雀蓝、紫晶、黑、白等达十多种，品种从一般砖瓦发展到建筑装饰附件，如兽头、螭吻，及室内用品的“绣墩”（或称坐墩）及其他器物（如民间实用的绿釉大小套盆）等。

动物纹瓦当

水纹滴水

北京北海公园的琉璃九龙壁，北海公园及香山公园的琉璃牌坊，山西平遥太子寺的九龙壁等，都是元、明、清各代留存下来的琉璃工艺的代表作品。成乃凡先生在《平遥瓦当》一书中推考：“古陶这方区域为瓦当发展提供了得天独厚的自然和人文环境。这里有适宜制陶的陶土，元、明以来有精于制陶工艺的匠师和善于设计瓦当图案的技师张士瑞、侯伯意等。有赖这些，在中华民族传统艺术不断发展的氛围中，不同时代、不同纹饰与不同风格的装饰物，也是砖雕艺术之一的瓦当就得以创制出来。”从文献、考证、实物综观，平遥不仅是古代建筑构件瓦当的重要遗存地，也是主要的生产地。

平遥瓦当与北方各地区制作工艺基本相同，将范制当面或手工刻画当面与瓦身拼接而成，粘抹痕迹、刀刻纹、指捺纹清晰可见，瓦身绳纹、刀刻纹工艺特征皆存。较早的灰陶瓦当质地细密、坚硬，可见古人在黏土的淘洗、泥料的捣制工艺上下足了功夫。唐、宋时代盛产青掍瓦，《营造法式》道明其工艺：“青掍窑烧芟草、次蒿草、松柏材、羊屎、麻糁、浓油、盖罨，下令透烟。”就是在即将烧成还未还原时用熏烟法进行渗碳，碳元素最后沉积于砖瓦坯体表面，使成品变得黝黑有光泽，孔隙经过渗碳，防水性能大大提高。青掍瓦的制作工艺复杂，烧制成本又高，是古代高规格建筑物使用的材料。

平遥瓦当从纹饰类别上看，有文字瓦当、图案瓦当、画像瓦当、佛道瓦当、人面瓦当、人物瓦当等种类。文字类瓦当有吉语类，如“福”、“禄”、“寿”等；寓意类，如“日”、“月”、“门”等；佛、道类有“长生无极”、“佛”、“法”等，西汉、五代、明、清皆有遗存。图案类瓦当有“云纹”、“缠枝花卉纹”、“莲花纹”等。画像类瓦当更加丰富多彩，有“荷花纹”、“菊花纹”、“莲花纹”、“梅花纹”、“牡丹纹”“龙”、“狮”、“虎”、“牛”、“鹿”、“猫头”、“象”等，“龙”有升龙、降龙、坐龙、飞龙、云龙，狮纹、虎纹、猫头从古朴抽象到典雅庄重各具特色。经不同的制模工匠之手，经历代的传承发展及不同区域的特色，只兽面纹就生出两百多种面孔。

邓晓华先生藏有平遥历代瓦当千又三百余方，西周、战国、汉代瓦当两百多方，品样也有八九百种，仅只是平遥瓦当的冰山一角。不断有痴迷于平遥瓦当魅力的新生藏友，亮出新奇纹样的瓦当，不禁为平遥瓦当新添的纹饰而庆幸，更兴发为平遥瓦当立传的志愿。今集一册，以尝夙愿，更待后进。

瓦当的著录文献和收藏价值

一、瓦当著录文献

早在唐代，文人雅士就有用古瓦制砚的习尚，唐人吴融有《古瓦砚赋》、宋人苏易简有《文房四谱》，但只是对文具砚台的赏玩和癖好。瓦当的著录在宋代出现，北宋王辟之的《渑水燕谈录》记载：北宋哲宗元佑六年（1091年）正月，陕西宝鸡权氏浚池，“得古筒瓦，五皆破，独一瓦完。面径四寸四分（15厘米左右），瓦面隐起四字，曰‘羽阳千岁’，篆字随势为之，不取方正。始知即羽阳旧址矣”。为记述古瓦当之始。其后，黄伯思的《东观余论》提及：“近有长安民献秦武公羽阳宫瓦十余枚，若今人筒瓦，然首有‘羽阳千岁’、‘万岁’字。其瓦犹今旧瓦，殊不朽腐。”这是关于古瓦当最早的文献记录，也是古瓦当收藏研究的端始。他还记录了耀州（今陕西耀县）出土的“益延寿”瓦当，并做考证，订正了颜师古注《汉书》之误，首开瓦当文字考据之端。南宋吕大临撰《续考古图》卷一摹写“益延寿”、“官立石苑”、“长乐未央”和“羽阳千岁”等四种瓦当文字，开启了瓦当摹写、刷印之始。

元代李好文在《长安志图》卷中的《志图杂说》记录了“长乐未央”、“长乐无极”、“汉并天下”、“储胥未央”、“万寿无疆”、“上林”等文字瓦当，所记录的瓦当有所增加。他还考证“羽阳”瓦当乃“陈仓”（宝鸡）所出，确定了羽阳宫的地址，并发现“长乐未央”并非瓦文所称宫殿“长乐宫”专用。

清代随着金石学的兴盛，瓦当著述日渐增多。康熙年间，林佶著《汉甘泉宫瓦记》，记其游甘泉宫旧址，得一瓦文为“长生未央”瓦当。乾隆初年，嘉兴人朱枫在长安得瓦当三十余，摹刻原形，成《秦汉瓦当图记》四卷，三十多件瓦当中，不同文字的有十六七种。程敦撰《秦汉瓦当文字》二卷续一卷，收录瓦当一百三十九个，并附有详细考证。此外主要著述还有毕沅的《秦汉瓦当图》和《关中金石记》、吴大澂的《愙斋砖瓦录》、钱坫的《汉瓦图录》、申兆定的《涵真阁秦汉瓦单图说》、陈广宁的《汉宫瓦当》、王福田的《竹里瓦当文字》、王仙州的《古瓦绘图》、王襄的《簠室古甬》、吴隐的《秦汉瓦当存》、黄中慧的《琴归室瓦当文钞》、何遂的《绘园藏瓦》、钱亦轩的《半宫瓦当考》、陈介祺的《簠斋藏古目》、高鸿裁的《上陶室砖瓦文》、端方的《陶斋藏瓦记》、王昶的《金名翠编》、张廷济的《清仪阁古器物文》、冯云鹏和冯云鹓的《金石索》、翁方纲的《两汉金石记》、陆增祥的《八琼室金石补正》、陈抱之的《求古精舍·金石图》、孙星衍和邢澍的《寰宇访碑录》、钱泳的《履园丛话》、民国时期罗振玉的《秦汉瓦当文字》五卷等等。

新中国成立以后，有组织、有计划、大规模的文物考古调查和田野考古发掘，获得大批新的瓦当资料。瓦当的辑录和研究，较前大大发展了。陈直先生著有《关中·秦汉陶录》和《秦汉瓦当概述》。前者收录精品颇多，后者将文献、典籍研究和田野实践结合起来，对秦汉瓦当进行了综合性研究。1964年，陕西博物馆的《秦汉瓦当》收录了一百五十三件瓦当，多数标明了出土地点，并对其时代进行了分析归纳。20世纪80年代以后，相继有许多部瓦当专著出版，如陕西考古研究所的《新编秦汉瓦当图录》、徐锡台等的《周秦汉瓦当》、刘士莪的《西北大学藏瓦选集》、西安文物管理委员会的《古代瓦当》、赵力光的《中国古代瓦当图典》、安立华的《齐瓦当艺术》、邵磊和沈利华的《我爱收藏·瓦当知识三十讲》，1996年开始分卷、编辑、分集出版的《新中国出土瓦当集录》以及程永建的《洛阳出土瓦当》。这些瓦当集录，全面反映了1949年以来考古出土的瓦当，促进了瓦当研究的深入发展。

除以上瓦当专著外，许多学者还对中国古代瓦当的纹饰、文字、艺术风格、演变过程、制作工艺等进行了探讨。如刘庆柱先生的《战国秦汉瓦当研究》、《秦汉瓦当概论》、《汉代文字瓦当概论》、《汉长安城遗址及其出土瓦当研究》等文，申云艳博士的《中国古代瓦当研究》，郭兵的《椽檐遗珍——中国古代瓦当鉴赏》。更值得一提的是成乃凡先生的《平遥瓦当》，虽然信息量较少，却是第一部介绍“汉唐以降”集录地方区域瓦当的专著，开创了瓦当考古艺术界的先河，让人们了解了瓦当历代传承中的变化和发展，也让人们看到了瓦当在“不足为道”时期的风采。

二、瓦当收藏的价值

刘庆柱先生说：“瓦当是中国古代建筑的重要建筑材料，它们被置于建筑物最显著的地方，通过瓦当当面的文字或图案，宣示建筑物的设计者与使用者的哲学理念与人生追求，于是瓦当被古代学者所认识、重视、辑录乃至收藏。”这是瓦当收藏中的文化价值。

瓦当的纹饰、文字是一个时代政治背景下社会制度、文明程度、时代精神的体现。它不但是一个时代的见证，也是一部实物典籍，从出于政治目地的需要，宣扬礼制和维护统治者神权的战汉瓦当，到魏、唐的佛教标志性纹饰的莲花纹瓦当，到宋、元、明、清的瓦当，无不包含着社会意识形态，同时也皆有为统治者弘扬政治业绩和政治思想的功能。

不论是汉代文字瓦当还是明、清文字瓦当，不论是篆书、隶书、楷书……其字形大方、书法不拘一格，舒展而遒美，气韵流畅，堪称中国书法之遗珍。瓦当图案、图像、纹饰、结构多样灵活，线条刚柔、曲直、方圆、疏密变化无穷，布局巧妙，或流美，或浑然趣成，或寓意吉祥，或唯美传神，形象生动。瓦当纹饰，虽然来源于生产、生活，却又脱离了物质范畴，上升为精神层次的文化载体，因此它也具有很高的艺术价值。

瓦当是实用性与美学相结合的产物，是绘画、书法与雕刻工艺相结合的艺术。它既是中国古代建筑装饰艺术上的重要组成部分，也是中国工艺美术史的重要组成部分，更是研究古代艺术的宝贵资料。其造型千姿百态，给人以美的艺术享受，是古代劳动人民和艺术匠师们勤劳与智慧的结晶。

三、瓦当的经济价值

自北宋以来，瓦当一直备受文人和收藏家的关注。尤其到了清代，随着金石学的兴起，瓦当就被学者、雅士、官宦、儒商们竞相搜寻。随之，有了买卖瓦当的交易市场，且价格不断攀升，经过众多金石学家、收藏家们的珍视和追捧，其市场价格在乾隆年间已上升。一方秦、汉瓦当在1736—1795年间市值白银十两（按现代银价折算为1952.5元），至光绪末年已涨到白银五十两（按现代银价折算为9762.5元），到了民国年间，秦、汉瓦当价格更是扶摇直上。据钱坫《汉瓦图录》记载，一方“长乐无极”瓦当在乾隆年间价格已达白银十两，“动物纹”瓦当一枚竟达白银二百两。这一时期的正七品知县年俸只有四五十两银子，正四品的知府年俸也只有一百两左右。到了1940年，秦汉史专家陈直先生在陕西收集瓦当，每枚少则十块大洋，多则三十块大洋。但到20世纪80年代，瓦当的收藏陷入低谷，汉代文字瓦当仅50元左右。近几年来，瓦当被越来越多的收藏者认可，随着收藏市场的升温，秦、汉瓦当价值几百元，文字瓦当上升到千元以上，动物纹瓦当价值几千元，有的精品拍卖成交价达11万元。随着收藏家们的热烈追捧和考古专家、学者们的论文、专著等不断面世，以及社会媒介对古代瓦当艺术价值、文化价值的传播，古代瓦当文化被人们越来越多地认知，古代瓦当艺术也逐渐进入人们的生活，瓦当的收藏市场将会有更大的空间，一定能再回到历史高峰。

素面纹半瓦当最早发现于西周时期的周原遗址，是瓦当使用的起始，亦是瓦当只具备实用功能的最初形式。而素面纹圆瓦当在各地考古中发现的都很少。只有战国中期以前楚国一直流行素面纹圆瓦当，当面直径一般在12—15厘米之间，秦、晋、燕诸国也有少量发现。秦至西汉初期，素面纹瓦当减少，西汉中后期素面纹瓦当数量更少，逐渐消失。

素面类

S U M I A N L E I

素面纹半瓦当

时代：西周　材质：灰陶
出处：藏友
当径：15.8厘米
中高：7.8厘米
当厚：2厘米

素面纹半瓦当，考古界、史学界普遍认为是西周时期，也就是瓦当出现的初始阶段制作和使用的。直到春秋战国时期各地的瓦当中仍有使用，春秋早期的素面纹半瓦当数量较少，当面平素无纹，也有的表面有抹平时留下的细细的抹痕，还有的在当面中间凸起一小方台，或凸棱线条构成的形状。西周时期素面纹瓦当多为半瓦当，至战国时期，则多已发展为圆瓦当，甚至到西汉时期还有少量使用，但皆是圆形素面瓦当。此素面半瓦当，当径15.8厘米，中高7.8厘米，当面素光无纹，瓦身绳纹分布均匀，瓦腹为粗麻布纹，且有泥条盘筑痕迹。

WADANGJILU

素面纹半瓦当

时代：西周　　材质：灰陶
出处：藏友
当径：15.8厘米
中高：7.8厘米
当厚：2.1厘米

WADANGJILU

素面纹半瓦当

时代：西周　　材质：灰陶
出处：藏友
当径：13厘米
中高：6.7厘米
当厚：1厘米

WADANGJILU

素面纹半瓦当

时代：西周　　材质：灰陶
出处：藏友
当径：15厘米
当厚：1.5厘米

WADANGJILU

素面纹半瓦当

时代：西周　　材质：灰陶
出处：藏友
当径：15.6厘米
中高：7.6厘米
当厚：2.1厘米

绳纹半瓦当

时代：战国·秦（春秋中期）
材质：灰陶
出处：藏友
当径：16厘米
中高：7.6厘米
当厚：1.8厘米

此绳纹半瓦当，初识为素面纹半瓦当，只是偶饰绳纹、布纹、网纹，查阅文献始知绳纹半瓦当为先秦时期的一种重要类别，秦国的绳纹半瓦当大约是在春秋时期出现。晋国出土的东周瓦当基本上都是半瓦当，大部分是素面，少数饰以阴刻的斜方格纹。赵国都邯郸宫城遗址、内蒙古卓资城卜资古城遗址均出土过绳纹瓦当。此半瓦当与陕西凤翔雍城遗址出土的绳纹半瓦当相似，当面下部有一个半圆，其内饰绳纹，其外又有一道同心圆弧纹夹绳纹带，底径16厘米，中高7.6厘米，厚1.8厘米，底径、中高与此绳纹半瓦当几乎一致。

WADANGJILU

素面纹半瓦当

时代：西汉　　材质：灰陶
出处：藏友
当径：14.8厘米
当厚：1.7厘米

当背

此素面纹圆瓦当，制作于西汉早期。素面纹圆瓦当数量较少，大约出现于春秋晚期，至西汉仍有少量使用。战国时期，楚地一直流行素面纹圆瓦当，秦汉时期的素面纹瓦当减少，且以圆瓦当为主，当径一般在14厘米左右，到西汉中晚期素面纹瓦当使用数量更少，并且逐渐消失。此素面纹圆瓦当，当径14.8厘米，当厚1.7厘米，从当背的“切当”痕和“旋切纹”的制作工艺来看，这种工艺是以汉武帝时代为界；从瓦当制作工艺环节看，可以判断是西汉早期。

WADANGJILU

素面纹半瓦当

时代：战国·秦（春秋中期）
材质：灰陶
出处：藏友
当径：17厘米
当厚：1.2厘米

WADANGJILU

素面纹瓦当

时代：唐、宋　　　　材质：灰陶
出处：古建公司仓库
当径：13.3厘米
当厚：1.6厘米
瓦宽：15厘米
瓦身长：352厘米

素面纹瓦当，基本以半瓦的形式出现，是瓦当的最初阶段，当面基本为布纹，也有划刻的几何网纹，或划刻方形的图案。此素面瓦当，其实不素，只不过相对于其他纹饰简洁大方。当面用一条弦纹刻画出了一个圆，去掉了常见的廓，四面皆空，中间留白之圆面，凸显于当面纹饰，给人以一种空灵无边的感觉。纹饰的设计巧妙地体现了佛家的“四大皆空”思想，流畅漂亮的花边外加一条刻线，线的两端用“s”装饰。线条勾勒出的花边，灵动唯美。它蕴含着博大的哲学理念、精神与信仰，利用线条与形状、点与面的结合、融汇，表现出了思想与艺术的统一，用简洁的手段来体现博大的思想，是文化、宗教、艺术、技术的结合体。

WADANGJILU

素面纹瓦当

时代：宋代　　　　材质：灰陶
出处：城南源相寺
当径：11.5厘米
当厚：1.2厘米
瓦身长：30.5厘米

图案类瓦当包括：先秦时代的葵纹瓦当、蘑菇纹瓦当、山形半瓦当、云纹瓦当、网纹瓦当等等，还有魏、晋、隋、唐时代的莲花纹瓦当，图案瓦当是在图像瓦当的发展中运用抽象思维和线条艺术的变化、变体而来，它是古代先民对美学和图腾文化的发展和追求。

图案类

TUANLEI

WADANGJILU

蘑菇纹瓦当

时代：东周　　材质：灰陶

出处：藏友

当径：13厘米

当厚：2.5厘米

此瓦当初时以为西汉云纹，后读文献始知，其纹饰、形制为东周标准纹饰。1985年洛阳东周王城遗址出土一块残片，其尺寸、蘑菇纹与此一般无二。

WADANGJILU

蘑菇纹瓦当

时代：东周　　材质：灰陶

出处：藏友

当径：13.5厘米

当厚：2.3厘米

WADANGJILU

葵纹瓦当

时代：战国・秦　　材质：灰陶
出处：藏友
当径：15.5厘米
当厚：1.8厘米

WADANGJILU

葵纹瓦当（描朱）

时代：战国・秦　　材质：灰陶
出处：藏友
当径：14.5厘米
当厚：2.2厘米

WADANGJILU

葵纹瓦当（描朱）

时代：战国・秦　　材质：灰陶
出处：藏友
当径：15.5厘米
当厚：1.5厘米

WADANGJILU

葵纹瓦当

时代：战国・秦　　材质：灰陶
出处：藏友
当径：15.5厘米
当厚：3厘米

WADANGJILU

葵纹瓦当

时代：战国·秦　　材质：灰陶
出处：藏友
当径：15.5厘米
当厚：3.3厘米

WADANGJILU

葵纹瓦当

时代：战国·秦　　材质：灰陶
出处：藏友
当径：12.5厘米
当厚：1厘米

WADANGJILU

葵纹瓦当

时代：战国·秦　　材质：灰陶
出处：藏友
当径：16.5厘米
当厚：4厘米

WADANGJILU

葵纹瓦当

时代：战国·秦　　材质：灰陶
出处：藏友
当径：15厘米
当厚：2厘米

WADANGJILU

山形云纹半瓦当

时代：战国（燕赵地区）

材质：灰陶

出处：河北省易县藏友

当径：17.2厘米

山形云纹半瓦当，属于战国中期燕赵地区产物。当径17.2厘米，廓宽2厘米，当面中部为双层重山形云纹，山形两侧对称分布羊角形云纹和单头云纹。通过考古发现和纹饰的演化过程，通常认为瓦当上的山形云纹系由饕餮纹简化、涣解而来。河北邯郸、易县燕下都、西安三桥、山东临淄都曾出土此类瓦当。邯郸多是泥质灰陶，易县燕下都多为夹砂灰陶，可能是受燕文化影响的产物。

WADANGJILU

山形云纹半瓦当

时代：战国·燕

材质：灰陶

出处：古玩商

当径：17厘米

中高：9厘米

WADANGJILU

云纹瓦当

时代：东周—西汉　　材质：灰陶

出处：藏友

当径：15.2厘米

当厚：2.2厘米

WADANGJILU

云纹瓦当（残片）

时代：东周—西汉　　材质：灰陶

出处：藏友

WADANGJILU

云纹瓦当

时代：东周—西汉　　材质：灰陶

出处：藏友

当径：15.5厘米

当厚：2厘米

WADANGJILU

云纹瓦当

时代：东周—西汉　　材质：灰陶

出处：藏友

当径：15.3厘米

当厚：2.8厘米

WADANGJILU

云纹瓦当

时代：东周—西汉　　材质：灰陶

出处：藏友

当径：15.5厘米

当厚：3厘米

WADANGJILU

云纹瓦当

时代：西汉　　材质：灰陶

出处：藏友

当径：15.4厘米

当厚：3.5厘米

WADANGJILU

云纹瓦当

时代：西汉　　材质：灰陶

出处：藏友

当径：15.4厘米

当厚：3.5厘米

WADANGJILU

云纹瓦当

时代：西汉　　材质：灰陶

出处：藏友

当径：17厘米

当厚：3.5厘米

云纹半瓦当

时代：西汉　　材质：灰陶
出处：大同藏友
当径：15厘米
中高：7.8厘米
当厚：2.2厘米

此云纹半瓦当瓦身背部旋向有指抹痕迹，瓦腹有粗麻布纹手指按捺的痕迹，当背有多点指窝印，当底截面有旋切纹，瓦身与半瓦当当背明显留有粘接工艺。

秦和西汉初期，瓦当以圆瓦当为主，半瓦当和大半圆瓦当只有少量出现。西汉早期云纹瓦当，从各地区的考古发现看大部分为圆瓦当，云纹半瓦当只是少量出土。西汉初期的云纹瓦当与战国晚期的很难明确区分，只是随着时间的推移，西汉时期的云纹瓦当上云纹较战国时期更加图案化。此半瓦当双区分线将当面分为两区，区内云纹卷曲较甚，云纹尾线左右分开与各相近分区线相连接。当心圆圈内是非常规整的正网格纹，凸弦纹随着当面至当心圆连接成一个扇形，与云纹饰、正网格纹组成一个完美的纹饰，瓦当当缘较窄且高于当面纹饰，材质为泥质灰土，属中山国和赵国地区制作。

WADANGJILU

云纹瓦当

时代：西汉　　材质：灰陶
出处：藏友
当径：15.2厘米
当厚：2.3厘米

WADANGJILU

云纹瓦当

时代：西汉　　材质：灰陶
出处：藏友
当径：15厘米
当厚：2厘米

WADANGJILU

云纹瓦当

时代：西汉　　材质：灰陶
出处：藏友
当径：15.厘米
中高：7.8厘米

WADANGJILU

云纹瓦当

时代：西汉　　材质：灰陶
出处：藏友
当径：15厘米
当厚：2.5厘米

WADANGJILU

云纹瓦当

时代：西汉　　材质：灰陶
出处：藏友
当径：14.7厘米
当厚：2.5厘米

WADANGJILU

云纹瓦当（残片）

时代：西汉　　材质：灰陶
出处：藏友
当径：14.5厘米
当厚：1.5厘米

WADANGJILU

云纹瓦当

时代：东周—西汉　　材质：灰陶
出处：藏友
当径：14.7厘米
当厚：3厘米

WADANGJILU

云纹瓦当

时代：东周—西汉　　材质：灰陶
出处：藏友
当径：15厘米
中高：7.8厘米
当厚：1.2厘米

WADANGJILU

云纹瓦当（残片）

时代：西汉
材质：灰陶
出处：藏友
当径：14.5厘米
当厚：1.8厘米

此瓦当历经两千余年，当面发蓝，纹饰线条光鲜如新，烧造火候高，以至当面变形较为严重，故此，弃之未用，所以能有今天的虽残却“新如昨制”。

WADANGJILU

云纹瓦当

时代：西汉　　材质：灰陶
出处：藏友
当径：14.5厘米
当厚：2.2厘米

WADANGJILU

云纹瓦当

时代：西汉　　材质：灰陶
出处：藏友
当径：15厘米
当厚：2.5厘米

WADANGJILU

云纹瓦当

时代：西汉　材质：灰陶
出处：藏友
当径：15.5厘米
当厚：2.5厘米

WADANGJILU

云纹瓦当

时代：西汉　材质：灰陶
出处：藏友
当径：19.5厘米
当厚：3厘米

WADANGJILU

云纹瓦当

时代：东周—西汉　材质：灰陶
出处：藏友
当径：17厘米
当厚：2厘米

WADANGJILU

云纹瓦当

时代：东周—西汉　材质：灰陶
出处：藏友
当径：15.3厘米
当厚：2.8厘米

WADANGJILU

云纹瓦当

时代：东周—西汉　　材质：灰陶

出处：藏友

当径：15.5厘米

当厚：1.2厘米

WADANGJILU

云纹瓦当

时代：西汉　　材质：灰陶

出处：藏友

当径：14.5厘米

当厚：3.5厘米

WADANGJILU

云纹瓦当

时代：西汉　　材质：灰陶

出处：藏友

当径：15.4厘米

当厚：2.5厘米

WADANGJILU

云纹瓦当

时代：西汉　　材质：灰陶

出处：藏友

当径：16.5厘米

当厚：2.3厘米

WADANGJILU

云纹椽当

时代：西汉
材质：灰陶
出处：藏友
当径：15.8厘米
当厚：2.5厘米

所谓椽当，就是椽头装饰。建筑史学、考古文献记载，这种椽头的装饰见于汉、魏，止于南北朝。椽头装饰有两种：一种是以金铜或玉石磨成玉璧形状，贴饰在檐椽的端部谓之"璧珰"、"玉题"等；另一种是不贴金玉，仅作绘饰的做法，而且沿用至今。文献中屡见的璧玉椽当，实物形象未曾得见，建筑史学界推测应是直径15厘米的金属或玉石饰片，使用时表面穿孔，与椽头固定。现实生活中，因社会生产力不足，且矿藏的枯竭，产生"铜荒"，先民们采用了成本低廉更易获得的陶制椽饰，由瓦当改用的椽当代替了"金玉"制的椽饰，满足了建筑的大量使用。这种穿孔的"钩头"是现实生产、生活中的椽当，它不仅有装饰功能，而且有保护檐椽的功效，这种椽当早在秦汉云纹瓦当中已有发现，只不过一向不为人们所认识。

考古发现陕西眉县、内蒙古、南京的云纹以及朝鲜半岛百济时代的莲花纹、兽面纹都有椽当出现。此云纹椽当，是西汉制作。当面中心部位有一穿孔，穿孔系瓦件未烧制前用锥状硬物从正面向背面戳成，孔之尾端边缘留有明显的穿戳后泥土受挤压而形成的凸起痕迹，穿孔中的土沁包浆与当面相同。椽当当径15.8厘米，当厚2.5厘米，当背中心有一凸起小平台，当背有明显旋切纹，完全符合汉、魏文献记载中的特征。只是当背带有残缺瓦身，又明显不是瓦头，有待专家考证。

WADANGJILU

云纹瓦当

时代：西汉　材质：灰陶

出处：藏友

当径：15厘米

当厚：2.4厘米

WADANGJILU

云纹瓦当

时代：西汉　材质：灰陶

出处：藏友

当径：15.5厘米

当厚：2.5厘米

WADANGJILU

云纹瓦当

时代：西汉　材质：灰陶

出处：藏友

当径：18厘米

当厚：3厘米

WADANGJILU

云纹瓦当

时代：西汉　材质：灰陶

出处：藏友

当径：17厘米

当厚：3厘米

云纹瓦当

时代：西汉　　材质：灰陶
出处：藏友
当径：15.5厘米
当厚：2.8厘米

云纹瓦当

时代：西汉　　材质：灰陶
出处：藏友
当径：17厘米
当厚：3.2厘米

云纹瓦当

时代：西汉　　材质：灰陶
出处：藏友
当径：15.7厘米
当厚：2.6厘米

云纹瓦当（描朱）

时代：东周—西汉　　材质：灰陶
出处：藏友
当径：15厘米
当厚：2厘米

WADANGJILU

云纹瓦当

时代：西汉　　材质：灰陶
出处：藏友
当径：16.7厘米
当厚：2.6厘米

WADANGJILU

云纹瓦当

时代：西汉　　材质：灰陶
出处：藏友
当径：16.5厘米
当厚：2.7厘米

WADANGJILU

云纹瓦当

时代：西汉　　材质：灰陶
出处：藏友
当径：16.5厘米
当厚：2.2厘米

WADANGJILU

云纹瓦当

时代：西汉　　材质：灰陶
出处：藏友
当径：15.5厘米
当厚：2.5厘米

云纹瓦当

时代：西汉　　材质：灰陶

出处：藏友

当径：13厘米

当厚：2.2厘米

WADANGJILU

云纹瓦当

时代：西汉　　材质：灰陶

出处：藏友

当径：14.5厘米

当厚：3厘米

WADANGJILU

云纹瓦当

时代：西汉　　材质：灰陶

出处：藏友

当径：14.5厘米

当厚：2.6厘米

WADANGJILU

云纹瓦当

时代：东周—西汉　　材质：灰陶

出处：藏友

当径：14.6厘米

当厚：2.1厘米

WADANGJILU

云纹瓦当

时代：东周—西汉　　材质：灰陶

出处：藏友

当径：15厘米

当厚：2.5厘米

WADANGJILU

云纹瓦当

时代：西汉　　材质：灰陶

出处：藏友

当径：14.5厘米

当厚：2厘米

WADANGJILU

云纹瓦当

时代：西汉　　材质：灰陶

出处：藏友

当径：16.5厘米

当厚：2.3厘米

WADANGJILU

云纹瓦当

时代：西汉　　材质：灰陶

出处：藏友

当径：15.5厘米

当厚：2.2厘米

WADANGJILU

云纹瓦当

时代：西汉　　材质：灰陶

出处：藏友

当径：18.5厘米

当厚：3厘米

WADANGJILU

云纹瓦当

时代：西汉　　材质：灰陶

出处：藏友

当径：15厘米

当厚：2厘米

WADANGJILU

云纹瓦当

时代：西汉　　材质：灰陶

出处：藏友

当径：14厘米

当厚：2.6厘米

WADANGJILU

云纹瓦当

时代：西汉　　材质：灰陶

出处：藏友

当径：15厘米

当厚：2.5厘米

WADANGJILU

云纹瓦当

时代：东周—西汉　材质：灰陶
出处：藏友
当径：15.3厘米
当厚：2.6厘米

WADANGJILU

云纹瓦当

时代：西汉　材质：灰陶
出处：藏友
当径：19厘米
当厚：2.8厘米

WADANGJILU

云纹瓦当

时代：西汉　材质：灰陶
出处：藏友
当径：14.5厘米
当厚：2.5厘米

WADANGJILU

云纹瓦当

时代：西汉　材质：灰陶
出处：藏友
当径：15厘米
当厚：2.5厘米

WADANGJILU

云纹瓦当

时代：西汉　　材质：灰陶

出处：藏友

当径：15.5厘米

当厚：3厘米

WADANGJILU

云纹瓦当

时代：西汉　　材质：灰陶

出处：藏友

当径：15厘米

当厚：2.5厘米

WADANGJILU

云纹瓦当

时代：西汉　　材质：灰陶

出处：藏友

当径：15厘米

当厚：2.8厘米

WADANGJILU

云纹瓦当

时代：东周—西汉　　材质：灰陶

出处：藏友

当径：15.5厘米

当厚：2厘米

WADANGJILU

云纹瓦当

时代：东周—西汉　　材质：灰陶

出处：藏友

当径：13.7厘米

当厚：2.8厘米

WADANGJILU

云纹瓦当

时代：西汉　　材质：灰陶

出处：藏友

当径：15厘米

当厚：2.2厘米

WADANGJILU

云纹瓦当

时代：西汉　　材质：灰陶

出处：藏友

当径：15.5厘米

中高：2.5厘米

WADANGJILU

云纹瓦当

时代：西汉—东汉　　材质：灰陶

出处：藏友

当径：19.3厘米

当厚：2.9厘米

WADANGJILU

云纹瓦当

时代：西汉　　材质：灰陶
出处：藏友
当径：16厘米
当厚：2.5厘米

WADANGJILU

云纹瓦当

时代：西汉—东汉　　材质：灰陶
出处：藏友
当径：15厘米
当厚：2.5厘米

WADANGJILU

云纹瓦当

时代：西汉　　材质：灰陶
出处：藏友
当径：16厘米
当厚：2.3厘米

WADANGJILU

云纹瓦当

时代：西汉　　材质：灰陶
出处：藏友
当径：15.2厘米
当厚：2.4厘米

WADANGJILU

云纹瓦当

时代：西汉　　材质：灰陶

出处：藏友

当径：15.5厘米

当厚：2厘米

WADANGJILU

云纹瓦当

时代：西汉—东汉　　材质：灰陶

出处：藏友

当径：16.3厘米

当厚：2.5厘米

WADANGJILU

云纹瓦当

时代：西汉　　材质：灰陶

出处：藏友

当径：15厘米

中高：3厘米

WADANGJILU

云纹瓦当

时代：西汉—东汉　　材质：灰陶

出处：藏友

当径：17厘米

当厚：3厘米

WADANGJILU

云纹瓦当

时代：西汉　　材质：灰陶

出处：藏友

当径：19.3厘米

当厚：2.9厘米

WADANGJILU

云纹瓦当

时代：西汉—东汉　　材质：灰陶

出处：藏友

当径：16厘米

当厚：2厘米

WADANGJILU

云纹瓦当

时代：西汉　　材质：灰陶

出处：藏友

当径：16厘米

当厚：2厘米

WADANGJILU

云纹瓦当

时代：西汉　　材质：灰陶

出处：藏友

当径：16.5厘米

当厚：2.8厘米

WADANGJILU

云纹瓦当

时代：西汉　　材质：灰陶

出处：藏友

当径：15.5厘米

当厚：2.1厘米

WADANGJILU

云纹瓦当

时代：西汉—东汉　　材质：灰陶

出处：藏友

当径：15厘米

当厚：2.5厘米

WADANGJILU

云纹瓦当

时代：西汉　　材质：灰陶

出处：藏友

当径：16厘米

当厚：2.6厘米

WADANGJILU

云纹瓦当

时代：西汉　　材质：灰陶

出处：藏友

当径：15.7厘米

当厚：2.6厘米

WADANGJILU

朱面云纹瓦当

时代：西汉
材质：灰陶
出处：藏友
当径：16厘米
当厚：2.5厘米

此云纹瓦当残缺，当径16厘米，当厚2.5厘米，当面残留有绘饰的朱红色，由于年代久远，色彩蚀落已暗败不清。当面彩绘使用含铁的红矿物质的颜料，虽历经了两千多年，但还能看出其往日的光彩。在出土瓦当的当面上，有的饰以白垩与朱红色，这与古代对色彩的喜好及审美心理有很大关系，当面上的色彩在阳光的照射下，阴阳相背，凸凹起伏，光线强弱变幻，与建筑物浑然一体，产生了一种和谐的节奏和韵律。这种彩绘瓦当，曾经流行于秦汉时期，至南北朝逐渐消失，渐次被琉璃瓦所取代。西汉“甘泉宫”出土的“卫”字瓦当；内蒙古出土的“单于和亲”、“单于天降”、“四夷尽服”表面均饰朱，且纹饰寓意深刻，这类彩绘瓦当出土数量极少，文献未见其他记录。

WADANGJILU

云纹瓦当

时代：西汉　　材质：灰陶
出处：藏友
当径：15厘米
当厚：2.8厘米

WADANGJILU

云纹瓦当

时代：西汉—东汉　　材质：灰陶
出处：藏友
当径：16厘米
当厚：2.5厘米

WADANGJILU

云纹瓦当

时代：东汉　　材质：灰陶
出处：藏友
当径：16.5厘米
中高：3.5厘米

WADANGJILU

云纹瓦当

时代：东汉　　材质：灰陶
出处：藏友
当径：16.5厘米
当厚：3.5厘米

云纹瓦当

时代：东汉
材质：灰陶
出处：大同藏友
当径：12.5厘米
廓宽：1厘米
当厚：2.5厘米

此云纹瓦当，圆形，直径12.5厘米，廓宽1厘米且高于当面，当心为一大乳钉，由弦纹和十字单区分线将当心乳钉和羊角纹对称分割。当背无旋切纹，残留瓦身有细麻布纹。云纹饰与廓之间有凸弦纹一周。东汉晚期到西晋时期，云纹之间已不用单线和双线区分，云纹的尾线直接与瓦当边缘相接而自成体系；其次当面区分用三条线，纹饰与边缘之间出现一圈小三角纹带或竖短线纹带；此云纹瓦当的制作下限应该在东汉晚期。当背没有切当痕迹（旋切纹）为一次脱模制作工艺，以汉武帝时代为界，已改革切当工艺。到西汉中晚期，瓦当当背多没有切割痕，所以此云纹瓦当应属西汉中晚期之后至东汉早期之间制作。

水纹滴水

时代：隋代
材质：灰陶
出处：古建公司仓库
当宽：23厘米
中高：2.7厘米
当厚：2.5厘米

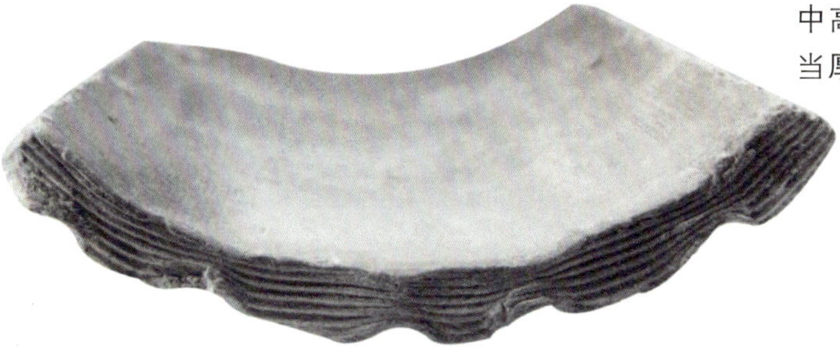

此水纹滴水，当宽23厘米，中高2.7厘米，当厚2.5厘米，上弯长方形与其说是滴水，不如说是带刻画面纹的板瓦头更为精确。滴水当面有工匠用竹刀木片刻画出六条绳纹状弧线，随意自然似流水状，当面没有丝毫的唯美刻画，最后用拇指按捏出水波纹，波浪间距不等，但更体现出潮涨潮落真实而自然的起伏。从河南淮阳北关一号汉墓出土的石仓楼、四川乐山麻浩一号东汉晚期崖墓内的壁画发现，至东汉末年还没有滴水形象。1957年西安西郊梁家庄发掘的隋大业四年（六零八年）李小孩墓出土的一件房屋形大石棺看，尚没有形成明显的滴水。至唐初贞观四年（六三零年）淮安靖王李寿的石棺已有了圆弧状接近月牙形的滴水形状，考古、史学界普遍认为墓室构件及壁画是同时代生活的写照。据此可以认为，滴水普遍使用在隋与唐之间，这也是史学界普遍认同的观点，此水纹滴水是板瓦前端面的手工刻画，也就是说这是滴水的雏形，瓦身胎质细密，符合早期制作工艺。与山西省永济市出土的隋、唐滴水一致。综合以上考证，应判定为隋代或者之前制作。

山西省永济市普救寺馆藏

WADANGJILU

水纹滴水

时代：宋代
材质：灰陶（青掍瓦）
出处：古建公司仓库
当宽：26厘米
当厚：2厘米
当高：55厘米

此水纹滴水，上弯长方形，宽26厘米，高55厘米，纹饰上半部为玉璧和青铜器上常见的网纹菱形乳钉，下半部分为流水状的波浪纹，看似水面洪波涌起，后浪推着前浪，却给人以波浪不惊的感觉，菱行乳钉又似水纹涟漪，把人带入一种平静而安详的意境中。滴水当面以模压为辅，主要施以手工刻画，叩击，当当作响，烧制火候很高，除去泥土，表面黝黑而有光泽，这种瓦即是《营造法式》中所说的“青掍瓦”。 青掍瓦胚胎制作时加入滑石粉，质地密实，又经过渗碳，防水性能佳，制作工艺复杂，烧制成本又特别昂贵，是隋、唐时期的高级建筑材料。从滴水形制的发展史看，尚未形成新月形，是滴水的早期阶段，尚属“板瓦头”的延展阶段，并且上弯长方形滴水给宋、元时代北方独有的形制奠定了基础。

WADANGJILU

水纹滴水

时代：元代　　材质：灰陶

出处：古建公司仓库

当径：23.5厘米

中高：6厘米

当厚：2厘米

瓦厚：1.4厘米

瓦宽：21.5厘米

瓦身长：33.5厘米

WADANGJILU

水纹滴水

时代：元代　　材质：灰陶

出处：古建公司仓库

当径：24厘米

中高：6厘米

当厚：2.5厘米

瓦厚：2厘米

瓦宽：21.5厘米

瓦身长：32厘米

WADANGJILU

水纹滴水

时代：元代　　材质：灰陶

出处：遮胡村霍家寺

当径：23厘米

中高：4.5厘米

当厚：2.5厘米

瓦厚：2.3厘米

瓦宽：20厘米

瓦身长：31.5厘米

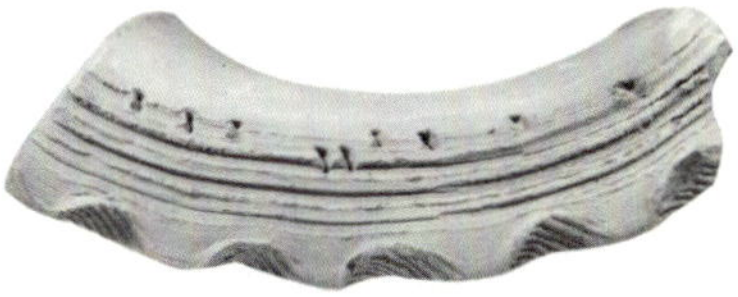

WADANGJILU

水纹滴水

时代：元代　　材质：灰陶

出处：襄垣村慈胜寺

当径：22.5厘米

中高：5厘米

当厚：2.3厘米

瓦厚：2.3厘米

瓦宽：21厘米

瓦身长：34厘米

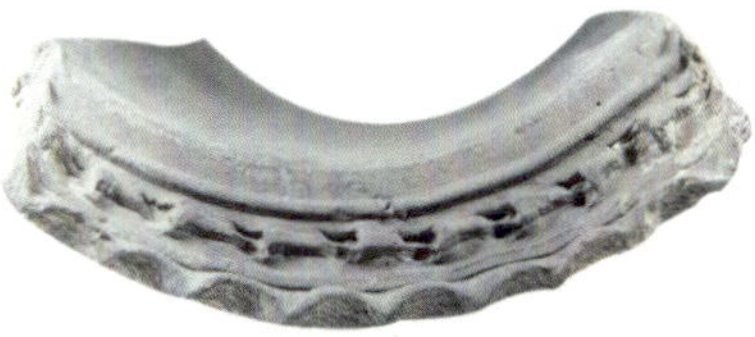

WADANGJILU

水纹滴水

时代：元代　　材质：灰陶
出处：古建公司仓库
当径：24.5厘米
中高：6.5厘米
当厚：2.8厘米
瓦厚：2.5厘米
瓦宽：21.5厘米
瓦身长：36厘米

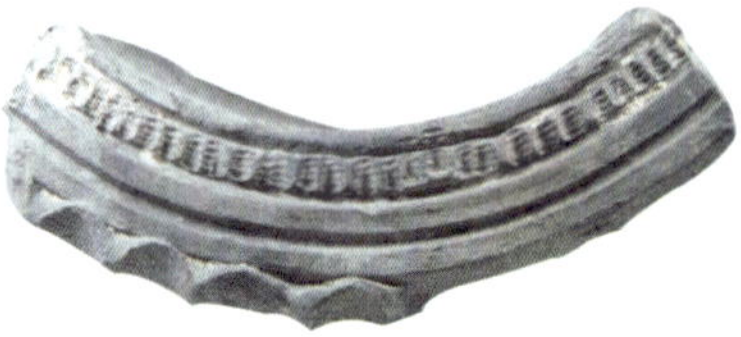

WADANGJILU

水纹滴水

时代：元代　　材质：灰陶
出处：永城村清凉寺
当径：23.5厘米
中高：6厘米
当厚：3厘米
瓦厚：2.7厘米
瓦宽：22厘米

WADANGJILU

水纹滴水

时代：元代　　材质：灰陶
出处：古建公司仓库
当径：26厘米
中高：5.8厘米
当厚：2.8厘米
瓦厚：2.3厘米
瓦宽：22.5厘米
瓦身长：36.5厘米

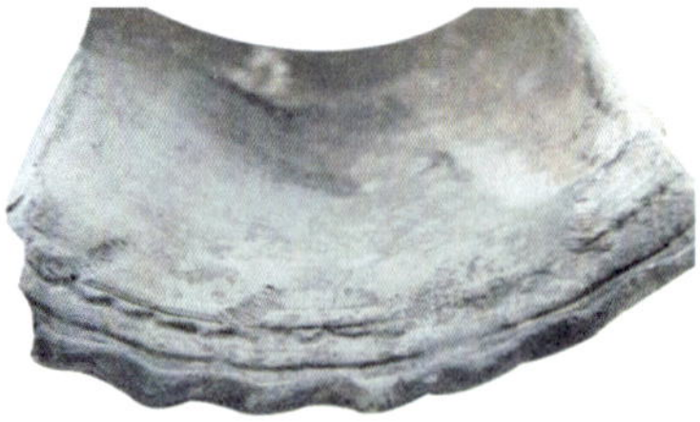

WADANGJILU

水纹滴水

时代：元代　　材质：灰陶
出处：古建公司仓库
当径：21厘米
中高：5.8厘米
当厚：2.5厘米
瓦厚：2.3厘米
瓦宽：19.5厘米
瓦身长：29.5厘米

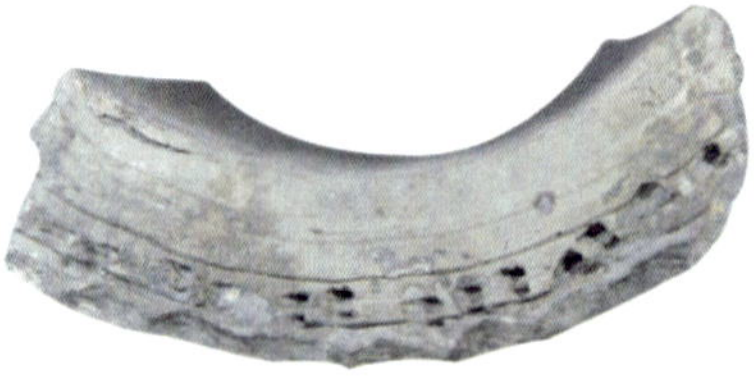

WADANGJILU

水纹滴水

时代：元代　　材质：灰陶

出处：古建公司仓库

当径：24厘米

中高：5.8厘米

当厚：2厘米

瓦厚：1.6厘米

瓦宽：21.5厘米

瓦身长：33.5厘米

WADANGJILU

水纹滴水

时代：元代　　材质：灰陶

出处：古建公司仓库

当径：23.5厘米

中高：6厘米

当厚：2厘米

瓦厚：1.4厘米

瓦宽：23厘米

瓦身长：33.5厘米

WADANGJILU

水纹滴水

时代：元代　　材质：灰陶

出处：古建公司仓库

当径：28厘米

中高：4.3厘米

瓦厚：26厘米

瓦宽：3厘米

瓦身长：34厘米

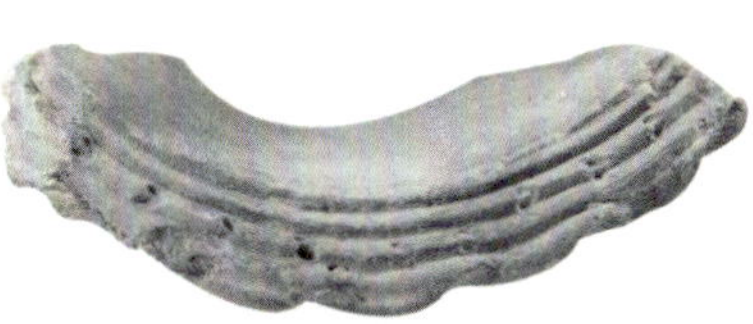

WADANGJILU

水纹滴水

时代：元代　　材质：灰陶

出处：古庙遗址

当径：22厘米

中高：5.5厘米

瓦厚：2厘米

瓦宽：14厘米

瓦身长：31厘米

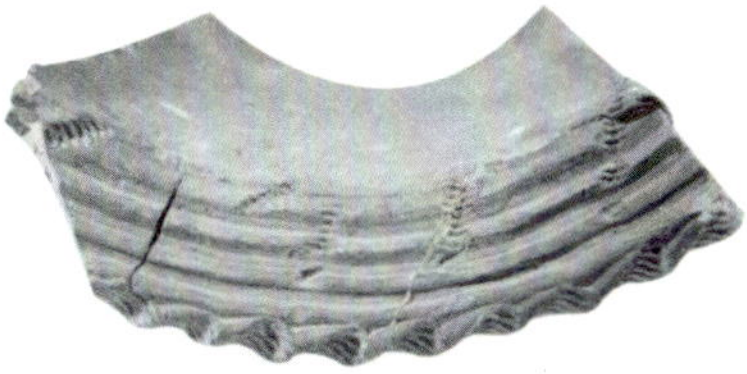

WADANGJILU

水纹滴水

时代：元代　　材质：灰陶
出处：古建公司仓库
当径：23厘米
中高：6厘米
当厚：2厘米
瓦厚：2厘米
瓦宽：19厘米
瓦身长：33厘米

WADANGJILU

水纹滴水

时代：元代　　材质：灰陶
出处：古建公司仓库
当径：22厘米
中高：5.2厘米
当厚：2.5厘米
瓦厚：2.5厘米
瓦宽：21厘米
瓦身长：29厘米

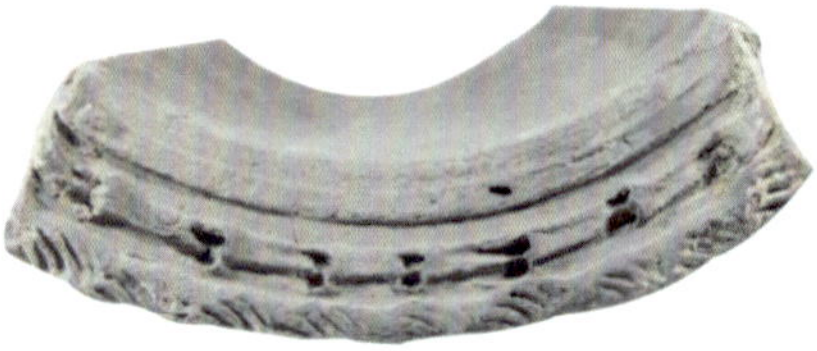

WADANGJILU

水纹滴水

时代：元代　　材质：灰陶
出处：古庙遗址
当径：23.5厘米
中高：6厘米
当厚：1.3厘米
瓦厚：2厘米
瓦宽：21厘米
瓦身长：31厘米

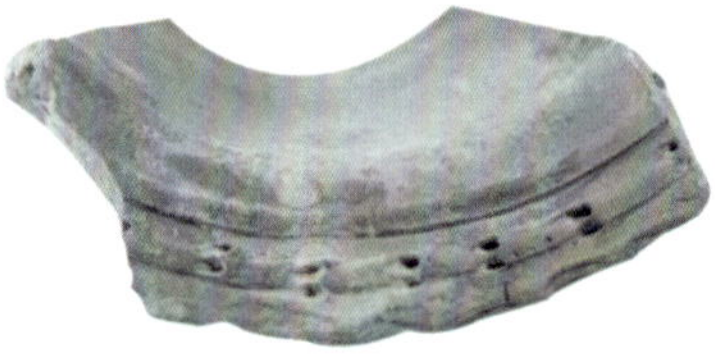

WADANGJILU

水纹滴水

时代：元代　　材质：灰陶
出处：古建公司仓库
当径：20.5厘米
中高：5.5厘米
当厚：1.2厘米
瓦厚：1.5厘米
瓦身宽：12厘米
瓦身长：32.5厘米

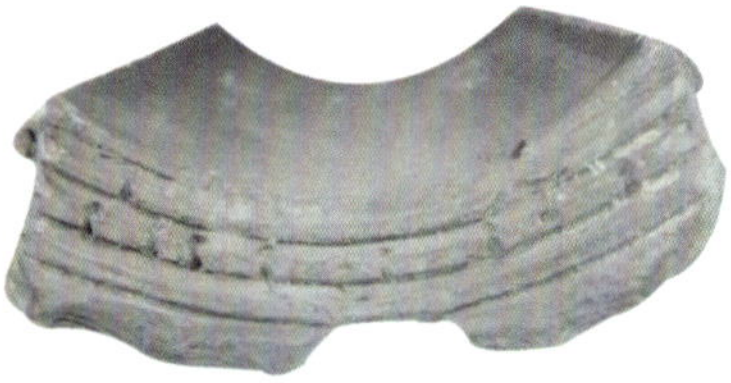

水纹滴水

时代：元代

材质：灰陶

出处：长则村普明寺

当径：23厘米

当高：5厘米

当厚：25厘米

瓦身长：28厘米

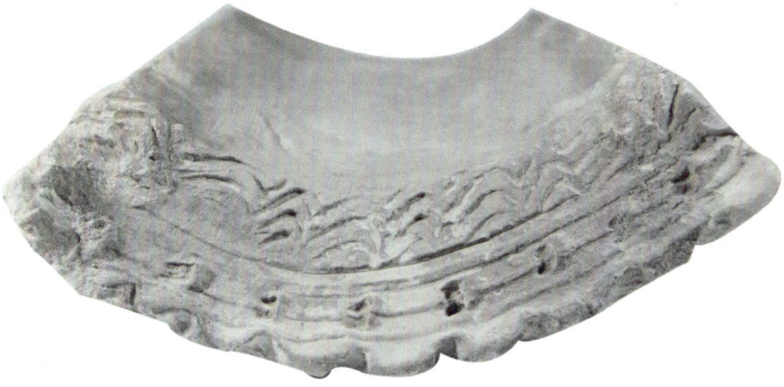

此滴水上弯长方形，宽23厘米，高5厘米，宋、元时期制作。水纹滴水为元代前后北方特有造型，滴水饰以水纹，用于具有滴水功能的位置，恰到好处，适得其所。此滴水模具制坯，手工刻画，三种不同形式的水流纹饰组合成了当面，上部由四层自由式阴刻水波浪，向前涌去。中间部分如屋檐上的水滴落入地面溅起的朵花，自由地滴在三条弦纹上，灵动而洒脱，竹片、木刀刻捏的波浪占据了当面的最下层，在卷起的浪朵里又刻画出了细而密的水流状线条，惟妙惟肖。三层弯曲的浮雕滴水在功能上使流水受阻，将水分流，减少了对地面的冲击力。

水纹滴水

时代：元代　　材质：灰陶

出处：侯冀村甘露庵

当径：29.1厘米

当厚：1.5厘米

瓦厚：2.1厘米

瓦身长：32厘米

水纹滴水

时代：元代　　材质：灰陶

出处：古建公司仓库

当径：20.5厘米

中高：5.2厘米

当厚：1.4厘米

瓦厚：2厘米

瓦身长：33.5厘米

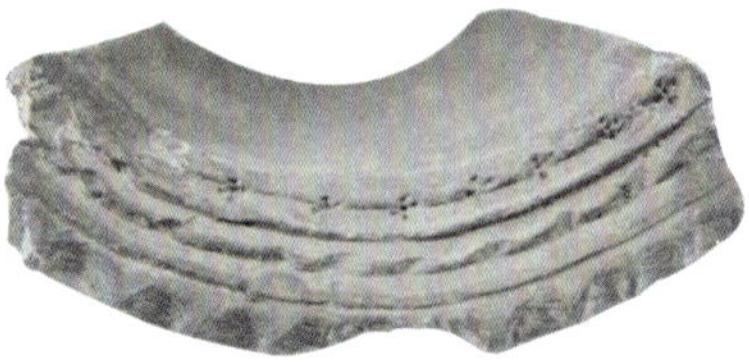

水纹滴水

时代：元代　　材质：灰陶

出处：长则村普明寺

当径：22.5厘米

中高：5.5厘米

当厚：1.5厘米

瓦厚：2厘米

瓦宽：19厘米

瓦身长：33.5厘米

水纹滴水

时代：元代　　材质：灰陶

出处：东安社普庵寺

当径：20.5厘米

中高：4.5厘米

当厚：2厘米

瓦宽：20.5厘米

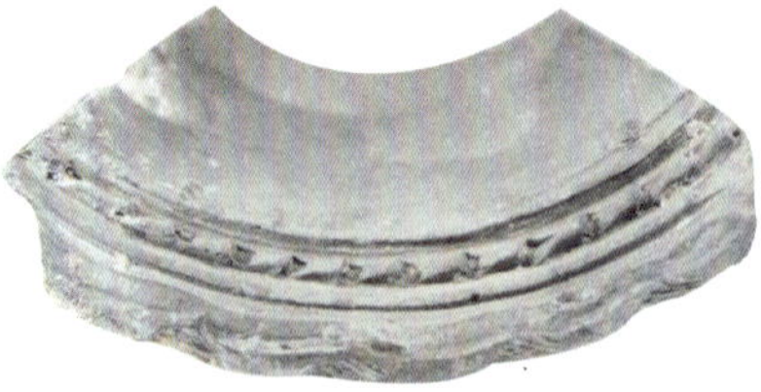

WADANGJILU

水纹滴水

时代：元代　　材质：灰陶

出处：侯冀村甘露庵

当径：29.2厘米

当厚：1.5厘米

瓦厚：2.2厘米

瓦身长：32厘米

WADANGJILU

水纹滴水

时代：元代　　材质：灰陶

出处：古建公司仓库

当径：24.5厘米

中高：4.5厘米

当厚：3.5厘米

瓦厚：2.2厘米

瓦宽：21.5厘米

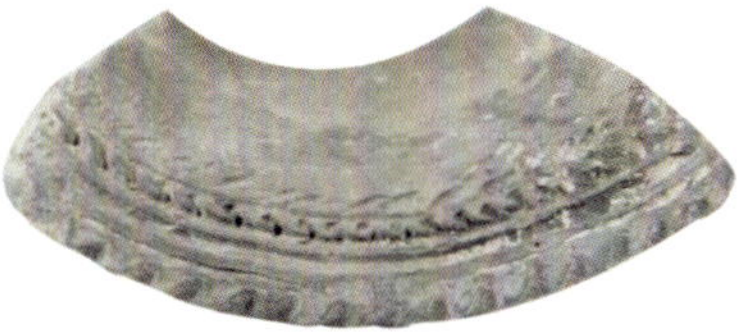

WADANGJILU

水纹滴水

时代：元代　　材质：灰陶

出处：古庙遗址

当径：23.5厘米

中高：5.5厘米

当厚：3.5厘米

瓦宽：2.5厘米

瓦身长：20.5厘米

WADANGJILU

水纹滴水

时代：元代　　材质：灰陶

出处：东安社普庵寺

当径：21.5厘米

中高：5.5厘米

当厚：2.5厘米

瓦宽：18.5厘米

瓦厚：2厘米

瓦身长：27.5厘米

WADANGJILU

水纹滴水

时代：元代　　材质：灰陶
出处：东安社普明寺
当径：21厘米
当厚：3厘米
瓦厚：2厘米
瓦宽：1.8厘米
瓦身厚：1.9厘米
瓦身长：29厘米

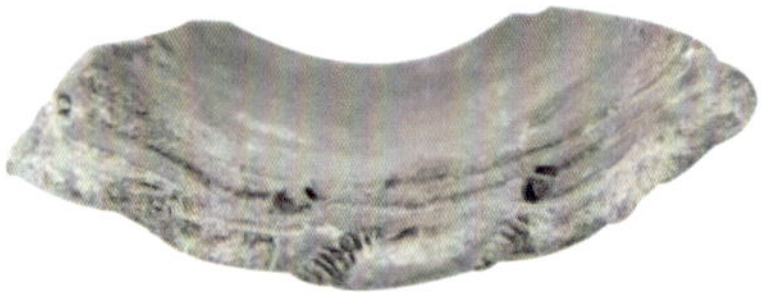

WADANGJILU

水纹滴水

时代：元代　　材质：灰陶
出处：古建公司仓库
当径：23厘米
中高：5厘米
瓦宽：20厘米
当厚：2.3厘米
瓦厚：2厘米
瓦身长：39厘米

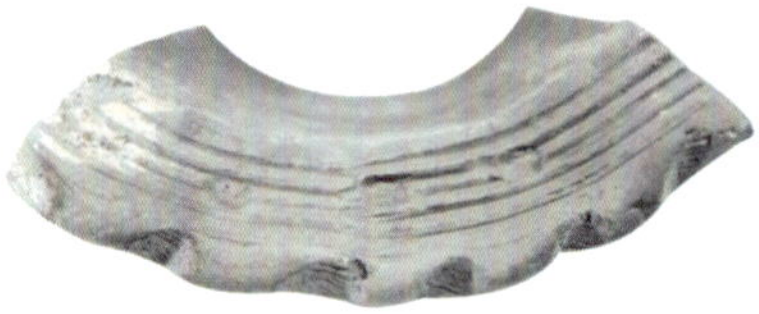

WADANGJILU

水纹滴水

时代：元代　　材质：灰陶
出处：长则村普明寺
当径：22.5厘米
中高：5.5厘米
当厚：1.5厘米
瓦厚：2厘米
瓦宽：19厘米
瓦身长：33.5厘米

WADANGJILU

水纹滴水

时代：元代　　材质：灰陶
出处：梁官村洪济寺
当径：19.5厘米
中高：5.5厘米
当厚：1.5厘米
瓦宽：16厘米
瓦厚：1.8厘米
瓦身长：28.5厘米

WADANGJILU

水纹滴水

时代：元代　　材质：灰陶
出处：藏友
当径：24厘米
中高：5.2厘米
当厚：2厘米
瓦厚：2厘米
瓦宽：19厘米
瓦身长：30.5厘米

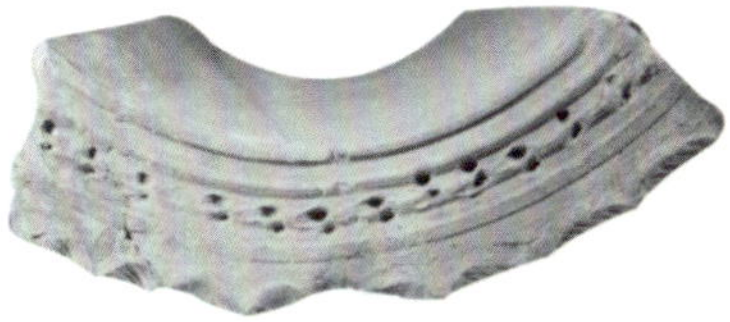

WADANGJILU

水纹滴水

时代：元代　　材质：灰陶
出处：古建公司仓库
当径：25.5厘米
中高：5.2厘米
当厚：2.5厘米
瓦宽：22厘米

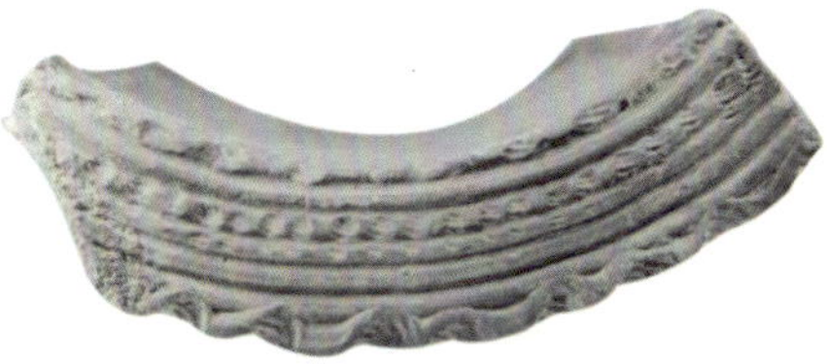

WADANGJILU

水纹滴水

时代：元代　　材质：灰陶
出处：古庙遗址
当径：21厘米
中高：5厘米
当厚：2.2厘米
瓦宽：19厘米

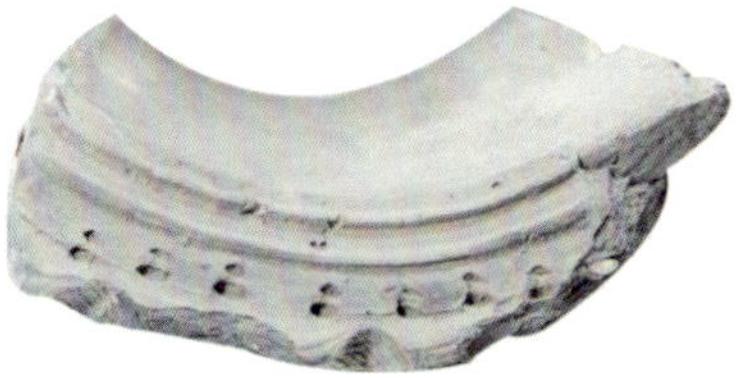

WADANGJILU

水纹滴水

时代：元代　　材质：灰陶
出处：古庙遗址
当径：23厘米
中高：5.2厘米
当厚：2.5厘米
瓦宽：21厘米
瓦厚：3厘米
瓦身长：32厘米

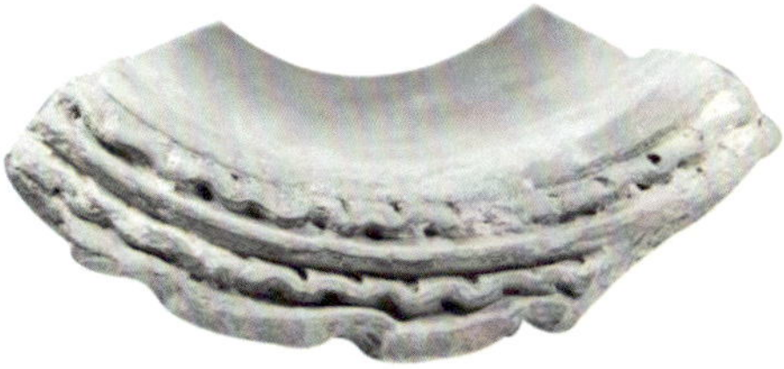

WADANGJILU

水纹滴水

时代：元代　　材质：灰陶
出处：古庙遗址
当径：22厘米
中高：5.5厘米
当厚：2厘米
瓦厚：2.2厘米
瓦宽：20厘米
瓦身长：27.5厘米

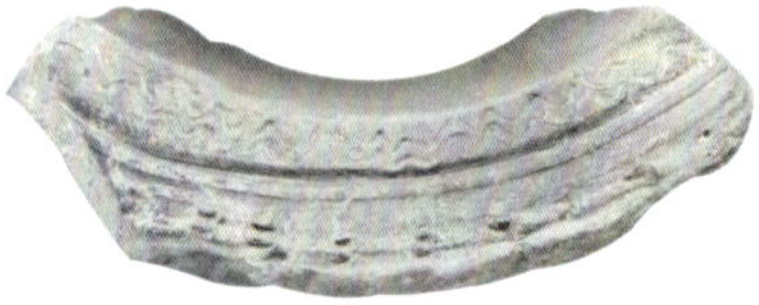

WADANGJILU

水纹滴水

时代：元代　　材质：灰陶
出处：古建公司仓库
当径：20.5厘米
中高：5.5厘米
当厚：2.6厘米
瓦厚：2厘米
瓦身长：30厘米

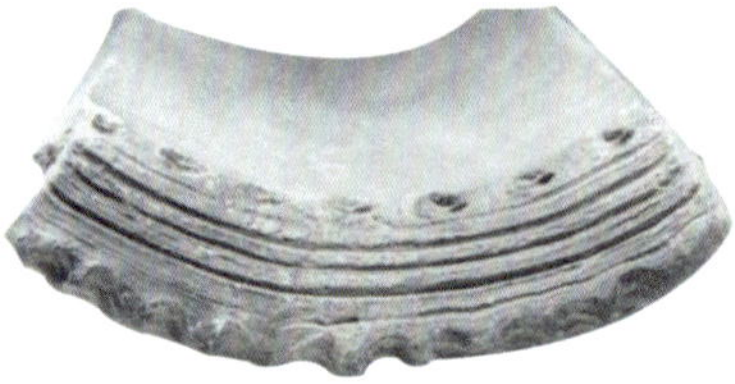

WADANGJILU

水纹滴水

时代：元代　　材质：灰陶
出处：长则村普明寺
当径：22厘米
中高：6厘米
当厚：1.8厘米
瓦厚：2厘米
瓦宽：20厘米
瓦身长：31.5厘米

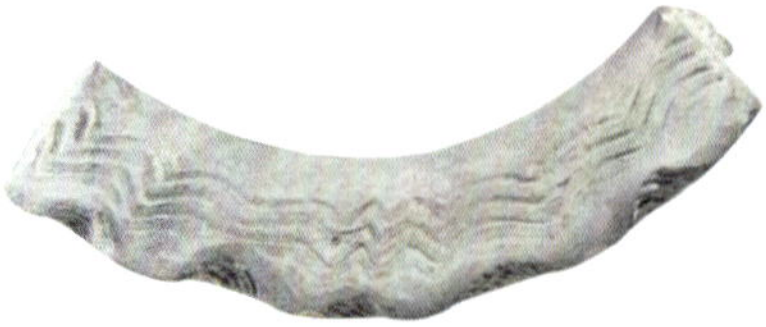

WADANGJILU

水纹滴水

时代：元代　　材质：灰陶
出处：长则村普明寺
当径：22厘米
中高：5.3厘米
当厚：2.5厘米
瓦宽：20.5厘米
瓦厚：2.3厘米
瓦身长：29.5厘米

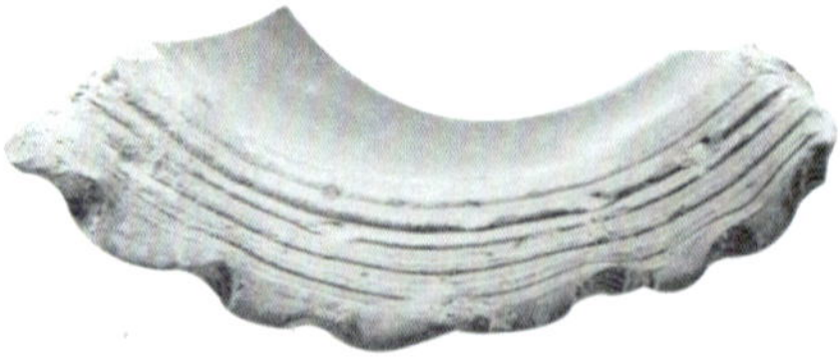

WADANGJILU

水纹滴水

时代：元代　　材质：灰陶

出处：东卜宜村先师庙

当径：24厘米

中高：6.7厘米

当厚：2.5厘米

瓦厚：2.5厘米

瓦宽：21.5厘米

瓦身长：37厘米

WADANGJILU

水纹滴水

时代：元代　　材质：灰陶

出处：古建公司仓库

当径：24厘米

中高：6厘米

当厚：2.7厘米

瓦宽：22厘米

瓦厚：3厘米

瓦身上：38厘米

WADANGJILU

水纹滴水

时代：元代　　材质：灰陶

出处：古庙遗址

当径：25.5厘米

中高：5.5厘米

当厚：2.5厘米

瓦宽：24.3厘米

瓦厚：3厘米

瓦身长：34厘米

WADANGJILU

水纹滴水

时代：元代　　材质：灰陶

出处：长则村普明寺

当径：24厘米

中高：4.5厘米

当厚：2厘米

瓦宽：22.5厘米

瓦厚：2厘米

瓦身长：30厘米

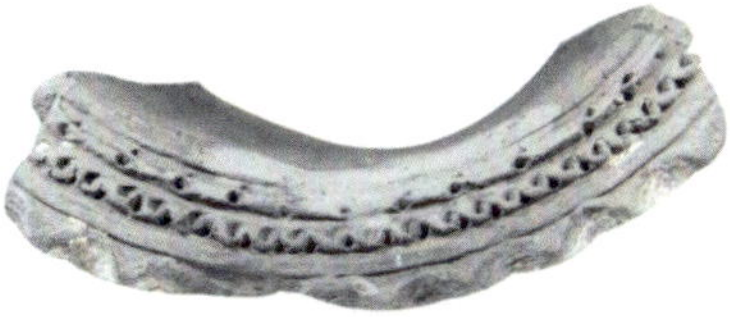

水纹滴水

时代：元代　　材质：灰陶

出处：长则村普明寺

当径：23.5厘米

中高：5厘米

当厚：2.5厘米

瓦厚：3厘米

瓦宽：22厘米

瓦身长：30厘米

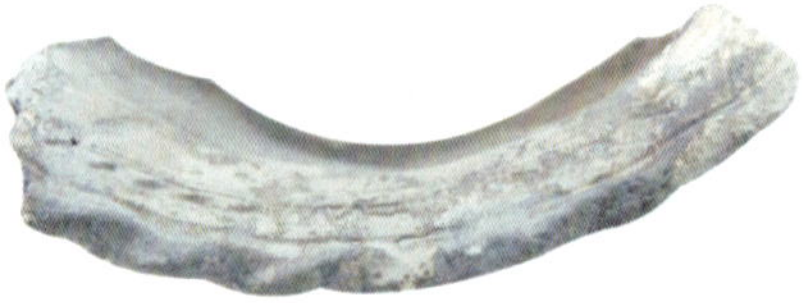

WADANGJILU

水纹滴水

时代：元代　　材质：灰陶

出处：古建公司仓库

当径：26厘米

中高：5.8厘米

当厚：2.8厘米

瓦厚：2.3厘米

瓦宽：2.3厘米

瓦身长：36.5厘米

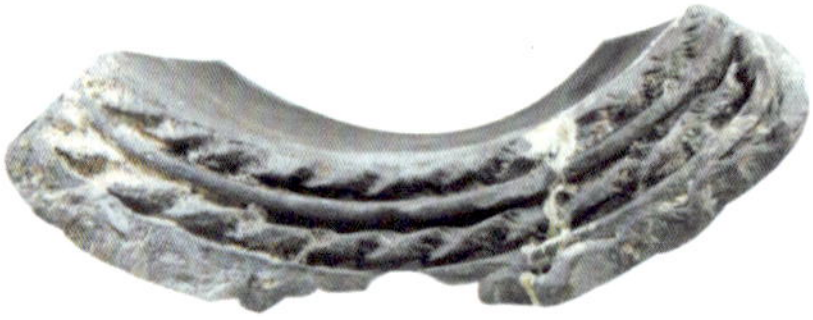

WADANGJILU

水纹滴水

时代：元代　　材质：灰陶

出处：古建公司仓库

当径：24.5厘米

中高：6.5厘米

当厚：2厘米

瓦厚：2.5厘米

瓦宽：23.8厘米

瓦身长：35.8厘米

WADANGJILU

水纹滴水

时代：元代　　材质：灰陶

出处：东卜宜村先师庙

当径：20厘米

中高：5.5厘米

当厚：23厘米

瓦厚：2.2厘米

瓦身长：30.5厘米

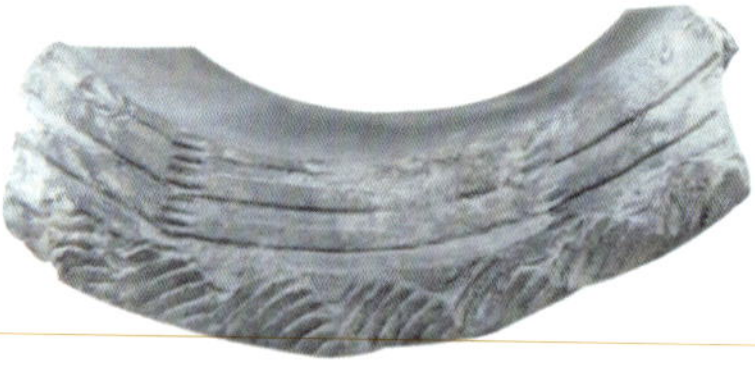

人物类

RENWULEI

人物纹瓦当自古以来就属珍稀品，在中国瓦当史上可说是凤毛麟角，先秦时代以齐国的“树、兽、人”；人兽组合为题材纹饰，以单人或人物纹为主题的几乎没有出现过。秦、汉两代也是鲜有人物纹，发展到北魏、唐代随着莲花纹的兴起衍生出了珍稀品种“莲花化生”和“羽人”瓦当。六朝的南方地区还出现了一定数量的人面纹瓦当，其影响力甚至延伸到了朝鲜半岛和东南亚地区。后未再发现有与人相关的瓦当纹饰，至明清两代北方地区不仅偶有人物纹瓦当出现，还有少量的人面纹产生。

人物纹瓦当

时代：明代

材质：灰陶

出处：城内西大街民居

当径：12厘米

当厚：1厘米

瓦身长：26厘米

瓦当朵边，如意头，略带椭圆，当径12厘米，弦纹上圆，下沿朵边，如意头，曲弯而围，主题纹饰以高浮雕手法饰于弦纹内，犹如一帧团扇画片，且高于边轮。人物纹瓦当鲜见，从西周、战国、汉到辽、金、元乃至明、清纹饰当中，与人相关之瓦当，唯见齐“树木人马纹”瓦当、“树木、单骑、单马瓦当”半瓦片、“人面纹”半瓦当、六朝“人面纹”瓦当，唐魏“羽人”·“莲花化生”，仅此而已，除六朝人面瓦当外，其他均为个例，且以人物为主题纹饰于瓦当的更为罕见，在明、清两代，瓦身无钉孔一般为居民使用，能佐证其为古城大户宅院定制之物。

瓦当纹饰，无心双界，人物、香、几案、香炉并立凸显，其他虚化，人物面容漫漶不清，唯能辨识为头髻高束，宽衣束腰，一幅明代文人贤士装束。人物腹部凸显，体态丰硕，站在花草盛开、月明风清的庭院中，躬身举香。香，夸张而突出，青烟袅袅而上，好像飘入云端，院主人在默念着什么，思虑着什么，不得而知。院内几案、香炉的凸显刻画，显示着主人的丰裕和纹饰所体现的主题思想，一幅诗情画意与虔诚膜拜之境，跃然当面。

WADANGJILU

人面纹瓦当

时代：清代
材质：灰陶
出处：古建筑工地
当径：11厘米
瓦身长：23.5厘米

人面纹瓦当，在瓦当发展史上是一种罕见的瓦当类型。战国遗址曾出土人面纹半瓦当，但也只是孤例，宋、辽金、元时期也只是偶见人面纹。此人面纹瓦当，边轮内依次为连珠纹和凸弦纹各一周，人面沉静安详，脸颊突鼓，两腮为圆形，两颊由五个小圆环绕中间及一凸起的大圆环装饰而成，很是醒目。两眼巨大，椭圆状，如蚕蛹，且用竖线装饰。眼睑呈闭合状；蒜鼻，呈三角形，鼻孔朝下，鼻梁高挑与凸起前额相连；口微张，牙齿可数，状如椭圆一字型；线状须发从眼窝下起布满脸面和嘴相接，两眼角与鼻梁交汇之处，各饰一乳钉状小圆点；这种满布须发状线条的形象，又近似于兽面纹瓦当，体现了人面纹瓦当向兽面纹瓦当过渡的特征。从纹饰推测制作时间应为魏晋时期，但从瓦身及制作工艺上看，似为明、清两代之物，尚待考证。

WADANGJILU

人面纹瓦当

时代：明代
材质：灰陶
出处：古建公司仓库
当径：10厘米
当厚：10厘米
瓦身长：24厘米

此人面纹瓦当，当面面径略小，瓦身、瓦腹剥落严重。连珠纹内，仍为凸弦纹两周，当面有残，且纹饰刻画已不清，制作年代尚待考证。

WADANGJILU

人面纹瓦当

时代：清代
材质：灰陶
出处：藏友
当径：11厘米
当厚：0.6厘米
瓦身长：23.5厘米

WADANGJILU

人物纹瓦当

时代：近现代
材质：琉璃（黄釉）
出处：藏友
当径：11厘米
当厚：1.5厘米
瓦厚：1.4厘米
瓦宽：11厘米
瓦身长：25厘米

天使，来源于希腊文（angeios使者），本意指宗教生物，代表圣洁、良善，上帝的使者，是上帝的信徒，是神在地上的代言人。此人物纹琉璃瓦当，近现代制作。当面中上部饰一西方宗教所信奉的天使头像，两翼生于面颊之下，头卷发，背生光芒，两翼尽展冲破了凸弦纹的束缚，打破了中国传统文化的中规中矩，是中西文化交融结合之产物。应为中式教堂使用之物。

WADANGJILU

人物纹滴水

时代：宋、元
材质：灰陶
出处：泥瓦匠
当径：17.3厘米
当厚：1.7厘米
中高：7.5厘米
瓦厚：2厘米
瓦宽：19.5厘米

WADANGJILU

人物纹滴水

时代：辽、金
材质：灰陶
出处：古建公司仓库
当径：18.9厘米
当厚：15厘米
中高：8厘米
瓦厚：25厘米
瓦宽：20.5厘米
瓦身长：33厘米
瓦身质地细密、瓦身较长
工艺精致、重2.69千克

此人物纹滴水，朵边扁月形，凸弦纹上粗下细，沿边轮一周，纹饰为“莲生贵子”，滴水主题纹饰是一个两髻高束、大眼、嘴微张、侧卧于缠枝莲纹中的童子。缠枝纹一般称“缠枝莲”，“莲”与“连”谐音，寓意生生不息，万代绵长。童子和缠枝莲组合纹饰，寓意“连生贵子”。滴水中缠枝纹绵延曲卷，婀娜多姿；童子生动传神而富有动感，与宋代“童子瓷枕”有异曲同工之妙。

人物纹滴水状如新月，下缘似如意头，上宽18.9厘米，中高8厘米，瓦身长36厘米，重2.69公斤。以人物为主题装饰瓦当，尚无图录及遗址发现，且又是滴水，应为孤品。当内纹饰，以宋、辽常见之卷草纹饰于翘起两端，枝蔓相连缠搭成灵动而唯美的秋千。一个头戴双层头箍，身材丰满秀丽的少女，两腿翘起半卧在秋千上，右臂折枝搔首，左臂探手抓枝蔓，悠闲荡于两树间，诗情画意，跃于当面，美不胜收。从形制、工艺、纹饰来看，均与宋时相符，但以明理学做执政理念的宋王朝是不可能将女子饰于当面的，故此滴水当属辽、金。平遥宋、辽、金、元时代，尚属中原文化的边缘地带，汉人与少数名族杂居，文化交融，出现这样纹饰的滴水也自在情理中。

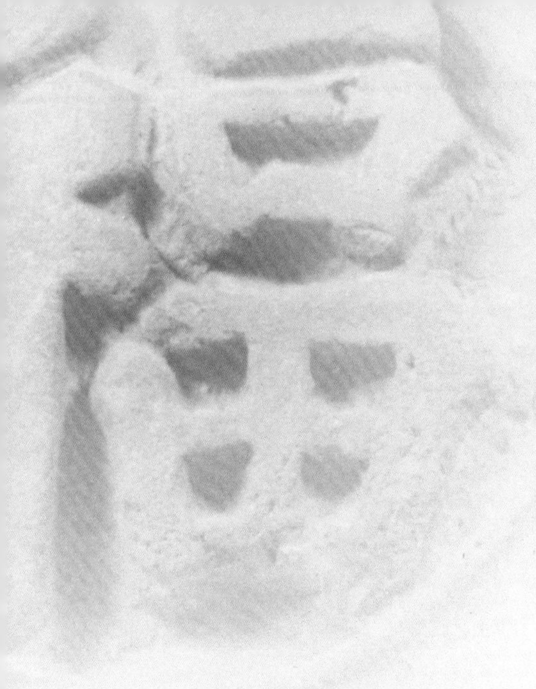

文字纹瓦当，是指当面上饰有文字的瓦当。瓦当字体通常用秦篆和缪篆，也有隶书。字体富于变化，多随意弯曲，挺拔遒劲。瓦当上的文字，四个字的居多，也有多字、两字或单字的，魏晋以后逐渐退出瓦当纹饰的舞台。唐、宋、元鲜有文字瓦当出现，只有随“佛、道文化盛衰而出现的佛、法、日、月、门”等定制瓦当。明、清两代随着寓意类纹饰的兴盛，“福、禄、寿”等文字瓦当又渐兴起，字体、形式、布局也更加丰富。近现代的“文革”类瓦当是中国文字瓦当的绝唱。

文字类

W E N Z I L E I

WADANGJILU

“长生无极”文字瓦当

时代：西汉
材质：灰陶
出处：古玩商（庞庄村出土）
当径：16.8厘米
当厚：1.7厘米

瓦当“长生无极”，出处与史相符，发掘于平遥金陵城遗址附近庞庄村。瓦当出土时已破碎，所幸拼接后未发现缺失。瓦当直径16.8厘米，当厚1.7厘米，当面凹陷，外廓较宽与纹饰持平，凸弦纹，双十字棂格，小凸弦纹，12个小乳突组成联珠纹，中心是乳钉纹，文字内容为随形变体的篆书“长生无极”。瓦当胎质细密，制作工艺粗糙，尺寸单薄，烧造火候较高，当面略有变形，符合汉代县治规制、制作要求和生产条件，是迄今为止平遥有据可证、可查的发现最早、最完整的瓦当，当称“平遥瓦当王”。同时，也是印证史载西汉建置的平遥金陵城的重要实证。

WADANGJILU

"延年益寿"文字瓦当

时代：西汉
材质：灰陶
出处：杜建勇先生所藏
当径：18厘米
当厚：2.2厘米

WADANGJILU

"永奉无疆"文字瓦当

时代：西汉
材质：灰陶
出处：藏友
当径：19.5厘米
当厚：3厘米

WADANGJILU

"长生无极"文字瓦当

时代：西汉
材质：灰陶
出处：藏友
当径：15.5厘米
当厚：2.2厘米

WADANGJILU

“佛”文字瓦当

时代：北汉
材质：灰陶
出处：镇国寺
当径：13厘米
当厚：1.5厘米
瓦身长：23厘米

“佛”字纹瓦当，瓦当平圆，釉色蓝中带绿，与元、明孔雀蓝有明显区别，瓦当直径较大，釉色大部分脱落。“佛”字稳健浑厚，有魏碑书风。瓦身尾部有钉孔，结合纹饰“佛”与相配滴水“法”来看，是镇国寺始建时期定制的专供之物。意为宣讲佛之道理，也能证实瓦当纹饰内容是为依附对象服务的。从瓦当的形制、尺寸、制作工艺，蓝釉脱落的程度和所依附的建筑判断，应为镇国寺始建时期（北汉）的建筑构件。

WADANGJILU

楷书“佛”文字瓦当

时代：宋、金
材质：灰陶
出处：山西榆社崇圣寺
当径：13厘米
当厚：1.4厘米
瓦宽：14.5厘米
瓦身长：28.5厘米

此“佛”字纹瓦当，得于榆社县唐代寺庙崇圣寺。碑记，宋、金两代皆有维修，金代维修规模较大。2008年，北京西六环建设在房山区龙湖镇的大苑村村西发掘了一座辽、金古庙遗址，在其地基0.5—1米的地层发掘出了一枚“佛”字纹瓦当，形制与之有所不同，纹饰中“佛”字相似，当面下部饰有莲花、缠枝、叶蔓，有典型的宋代花卉纹风格。此瓦当当面近似椭圆，凸弦纹粗犷，外廓较宽且不规则，以致当心纹饰变得局促，制作工艺粗糙，当面纹饰手工刻划痕明显，烧造火候高，当面略有变形，瓦身有圆形钉孔，应为宋、金时代维修复制前代之物。

WADANGJILU

“福”文字瓦当

时代：明代
材质：灰陶
出处：城关医院旧址
当径：12厘米
当厚：0.9厘米
瓦宽：12.9厘米
瓦身长：30厘米

“福”字纹瓦当，明代制作，与“禄”字纹瓦当为同一建筑群使用。此瓦当形圆平，当面低于边轮，凸弦纹将纹饰主题与外廓分割，纹饰“福”字唐楷书写，运笔流畅、遒劲有力，彰显出法度严谨、朴厚凝重的特点，是匠人和文人的意会，亦是书法和建筑艺术的结合。

WADANGJILU

福字“上”纹瓦当

时代：明代
材质：灰陶
出处：洪堡村
当径：10厘米
当厚：1.2厘米
瓦宽：10.5厘米
瓦身长：24.5厘米

此“福”字纹瓦当，为藏友杜建勇先生得于洪堡村废墟。当面打破传统形式：当面饰以一圈凸弦纹或两圈凸弦纹或一圈乳钉纹；也有的乳钉纹、凸弦纹各一圈，交错于边轮与当心。而此方瓦当饰凸弦纹一圈将当心与外廓分开，将边轮内装饰以卷草纹，与康、乾时期出现的“罗汉钱”（花边）有异曲同工之妙，当心“福”字为工匠所写，简洁、舒展。瓦当特别之处是在主题纹饰“福”字上部正中刻画一“上”字，下部所饰更加令人费解，也不能辩识其刻画的纹饰。难道“福”分三等？此为上等之福？那下部纹饰又为何意？有待专家、藏友、有识之士辨析。

WADANGJILU

篆书“寿”字纹瓦当

时代：明代
材质：灰陶
出处：泥瓦匠
当径：11.5厘米
当厚：1.3厘米
瓦宽：12.8厘米
瓦身长：24厘米

“寿”字纹瓦当，明代制作，当径11.5厘米，纹饰是篆书的“团寿”纹，当面由两条凸弦纹勾勒出边轮，当心和边轮基本持平，“团寿”以浮雕的手法装饰于当面，意为家族“人丁兴旺，团圆长寿”。

WADANGJILU

“寿”字纹瓦当

时代：明代
材质：灰陶
出处：泥瓦匠
当径：10.5厘米
当厚：2厘米
瓦宽：11.8厘米
瓦身长：21.5厘米

WADANGJILU

“福”字纹瓦当

时代：明代
材质：灰陶
出处：藏友
当径：12.5厘米
当厚：1.2厘米
瓦宽：12.2厘米
瓦身长：25.7厘米

WADANGJILU

"禄"字纹瓦当

时代：明代
材质：灰陶
出处：城关医院旧址
当径：12厘米
当厚：0.8厘米
瓦宽：12.5厘米
瓦身长：29.5厘米

"禄"字纹瓦当，明代制作，"禄"字本意是古代官吏的"俸给"，实际生活中被人们当作寓意吉祥之词。尤其在明、清时代的纹饰与装饰中，定是有词（画）必有意，有意必吉祥。其与"福"字纹瓦当是搭配使用的。

WADANGJILU

"寿"字纹瓦当

时代：明代
材质：灰陶
出处：泥瓦匠
当径：10.5厘米
当厚：2厘米
瓦宽：11.8厘米
瓦身长：21.5厘米

WADANGJILU

“寿”字纹瓦当

时代：明代
材质：灰陶
出处：藏友之珍
当径：10.5厘米
当厚：1.5厘米
瓦宽：10.5厘米
瓦身长：24厘米

此“寿”字纹瓦当为杜建勇先生所藏。当面纹饰是阳刻的“团寿”纹，主题纹饰与众相同，“寿”字空白之处点缀以“花叶”。所异之处是凸弦纹与边轮之间凹陷，与当心底面持平，在凹陷内饰以一圈乳钉纹，当面纹饰、乳钉纹、边轮持平，以致给人一种当面纹饰内陷（阴刻）的错觉。

WADANGJILU

“寿”字纹瓦当

时代：明代
材质：灰陶
出处：藏友
当径：12.5厘米
当厚：1.2厘米
瓦宽：12.2厘米
瓦身长：25.7厘米

WADANGJILU

“福”字纹瓦当

时代：明代

材质：灰陶

出处：藏友

当径：12.5厘米

当厚：1.2厘米

瓦宽：12.2厘米

瓦身长：25.7厘米

WADANGJILU

“倒寿”字纹瓦当

时代：清代

材质：灰陶

出处：泥瓦匠

当径：10厘米

当厚：1厘米

瓦宽：11厘米

瓦身长：21.4厘米

倒“寿”字纹瓦当，清代制作。当径10厘米，边轮较宽，当面饰连珠纹、凸弦纹各一周，当心饰一个倒写的“寿”，当心无任何配饰，“到”与“倒”谐音，“福到”、“长寿到”体现了人们对生活的美好愿望。属于“吉语”纹瓦当类。

WADANGJILU

“福”字纹瓦当

时代：清代
材质：灰陶
出处：泥瓦匠
当径：11—12.5厘米
当厚：1.3厘米
瓦宽：12.3厘米
瓦身长：24厘米

“福”字纹瓦当，清代制作。此福字纹瓦当长圆，朵边如意头，最大直径12.5厘米，最小直径11厘米，从瓦身钉孔看，原始使用建筑必是官舍或大富厅堂之物。瓦当纹饰颇具匠心，此当的模具制作工匠多才多艺，纹饰亦“书”亦“画”，皆而有之，结合相益得彰。楷书“福”字虽不算遒劲，但端庄沉稳，左面“礻”字旁随形拟人化，似一位硕长的老寿星，当面形状似老寿星之头形，依此而思当面底部卷曲、竖刻线条莫非是老寿星之长须？当面上部的配饰又似葫芦寿杖飘带飞扬。那么，就不得不惊叹古代平遥匠人的独具匠心了，一物三寄：“福、禄、寿”都愿。当面书法“福”为一愿；葫芦形凸弦纹，葫芦寿杖都体现了“葫芦”二字，“葫芦”谐音“福、禄”，那么“禄”为二愿；“寿”为三愿自不当说了。“福、禄、寿”三星是明、清时代人们为追求平安幸福生活而普遍供奉的，瓦当制作者——这些古代的平遥匠人们，又将这个美好的心愿装饰到高置于屋檐之上的能传之百年、千年的瓦当之上，将这个美好的心“愿”惠泽万代，这也是瓦当背后深远、博大的文化内涵。

WADANGJILU

“寿”字纹瓦当

时代：清代
材质：灰陶
出处：泥瓦匠
当径：10.5厘米
当厚：1.4厘米
瓦宽：11.3厘米
瓦身长：23厘米

WADANGJILU

“法”字纹滴水

时代：北汉
材质：琉璃
出处：镇国寺
直径：18厘米
中高：7.5厘米
当厚：1.5厘米
瓦身长：29.7厘米

“法”字纹滴水，形制与宋、元时期有较大区别，有魏风与北汉镇国寺“佛”字纹瓦当相配，意为佛法无边。釉色蓝中带绿，“法”字居中，卷云纹设计在滴水翘起的两边，并用弦纹分割成三部分，佛家韵味与汉魏遗风相结合，妙趣横生，是北汉时期建寺的建筑构件。

日月纹"门"滴水

时代：明代
材质：灰陶
出处：泥瓦匠
当径：16厘米
中高：7.8厘米
当厚：1.3厘米
瓦厚：2.2厘米
瓦宽：17.5厘米
瓦身长：26.5厘米

胎质细密，烧造火候较高，瓦身制作工艺与常见瓦身工艺略有不同，当面纹饰有部分手工刻画特征。

此滴水形制与其他月形朵边无异，唯两端翘起稍大。滴水双凸弦纹只沿朵边装饰，上部的外凸弦纹用十颗乳突的连珠纹代替，且不与外凸弦纹交汇，又似天空繁星点点。弦纹内主题纹饰手工刻画，右上角饰为太阳，左上角饰之为月亮，正中刻画一"门"字，手工刻画特征明显。滴水见日月，一滴水在阳光下显一个"日"，在月光下显一个月，两者合二为"明"。同样，眼睛是心灵的窗口，在阳光下见一个"日"，在月光下见一个"月"，两者也可合为明，那么心中就会充满光明，这就是道家的"上善若水"，水德近于道，善利万物而不争的思想。在封闭的墙上打开一个洞口，可以方便进出，这就是"门"的初意，后来，凡关塞隘口皆称为"门"。贾岛的"鸟宿池边树，僧敲月下门"，成为千古绝唱，此"门"为何"门"却不得而知。综观，为明代制作。

最早出现的兽面纹瓦当是流行于战国时期燕国的饕餮纹半瓦当，是先民们图腾崇拜的文化产物。考古资料表明，盛于秦、汉的“云纹瓦当”就是由变形、简化的饕餮纹衍化而生的。从北魏开始兽面纹出现了走向写实的瓦当，而且各代皆有，也各具时代特征。平遥瓦当中仅明、清时代的兽面纹饰就有二三百种。

兽面类

SHOUMIANLEI

WADANGJILU

兽面饕餮纹半瓦当

时代：战国早期（燕北地区）
材质：夹砂灰陶
出处：河北易县藏友
当径：19.8厘米

此兽面纹半瓦当，主题为双龙饕餮纹，但已没有殷商时期的饕餮纹那么繁缛，只是一种变形的仅仅凸出眼及鼻的简单轮廓的瓦当。当面边缘有凸弦纹作瓦当边缘轮廓，兽面双目为菱形，鼻梁较宽，阔口、卷唇。战国早期燕北地区除素面纹外，主要纹饰为双龙饕餮纹和羽状饕餮纹。

WADANGJILU

三角地饕餮纹半瓦当

时代：战国早期·燕　　材质：夹砂灰
出处：藏友
当径：15.7厘米
当厚：2.2厘米
中高：8.2厘米
瓦宽：15.8厘米
瓦身长：37厘米

WADANGJILU

变形饕餮纹半瓦当

时代：战国早期·燕
材质：夹砂陶
出处：藏友
当径：16.2厘米
中高：8厘米
当厚：1.5厘米

WADANGJILU

饕餮纹半瓦当

时代：战国早期（燕北地区）
材质：夹砂灰陶
出处：藏友（燕赵地区遗址出土）
当径：18.5厘米
当厚：2.5厘米

此饕餮纹半瓦当，当面饰一兽面（饕餮），纹饰为左右结构，基本对称。兽面双目的上方、两侧是一双龙纹，龙角下垂，两首相背向外，作张口状，长颈弯曲，前足回曲，两爪向上扬起，形成兽面的额梁。双龙身各自回曲于左、右两侧边缘，显露于兽面双目的左、右两侧，尾卷曲于左、右两下角，后足回曲向上，爪抓于左、右下角两侧边缘。兽面双目为菱形，鼻梁较宽，由线面表示。没有下沿，边轮较细，材质为夹砂灰陶，以上特征均符合战国早期饕餮纹半瓦当特征。

兽面纹瓦当

时代：魏、唐
材质：灰陶
出处：古寺庙遗址
当径：15厘米
当厚：1.4厘米
瓦宽：16厘米
瓦厚：2厘米
瓦身长：36厘米

此兽面纹瓦当，下部有残，当径15厘米，当厚1.4厘米，谜一样的纹饰，让人煞费心机。从形制看：瓦当圆平，边轮宽2厘米，凸弦纹一周，当面饰一浮雕兽面，兽面位于当面正中。无论瓦当的形制、尺寸，均符合魏或唐初的风格。从纹饰看：一股浓浓的汉风夹杂着魏意扑面而来。据考古发现“S”纹的瓦当，最初在山东齐国地域内的临淄和邹国以及河北中山国非常流行。洛阳汉河南县城遗址出土的两件“S”纹瓦当，除去“十”字棂格和凸起的外廓与其纹样格式是一般无二。不同之处是“S”纹限定在十字棂格内，且为四个，当面中心是变形莲花纹。而此瓦当是“S”纹不规则地沿着凸弦纹以当心为中心环绕一周，中心当面为兽面纹，兽面纹饰无角、无鬃须、前额左右分为两半，突起的两耳圆尖，呈叶形，竖立于两边，且放置在当心小圆内；多边形眼窝深陷，眼珠突出，怒目圆睁；短鼻梁，鼻孔朝天，似鹰钩；兽无嘴，用连珠纹与上半部连接，构成下颚，并联成嘴形状，无牙、无舌、无须，一切纹饰均在当内小圆之中，古代匠人奇异的构思，令人叹服。连珠纹、莲花纹纹饰是汉、魏瓦当的流行纹饰。此瓦当纹饰是汉、魏的结合，且有唐初之意，除去瓦当包浆，裸露出黑褐色，似为北魏建筑构建的特征。暂且推为魏、唐过渡时期之物。

WADANGJILU

兽面纹瓦当

时代：唐代
材质：灰陶
出处：古建公司仓库
当径：12厘米
当厚：1.2厘米
瓦宽：13.3厘米
瓦身长：29.8厘米

WADANGJILU

兽面纹瓦当

时代：唐代
材质：灰陶
出处：古建公司仓库
当径：18厘米
当厚：1.3厘米
瓦宽：18.5厘米
瓦身长：34厘米

WADANGJILU

兽面纹瓦当

时代：唐代
材质：灰陶
出处：古建公司仓库
当径：15.5厘米
当厚：1.8厘米
瓦厚：2.5厘米
瓦身宽：16.2厘米
瓦身长:36厘米

此兽面纹瓦当，下部残破，当面直径15厘米，边轮2.2厘米，边轮与兽面纹之间有连珠纹和凸弦纹各一周。外围凸弦纹制作规整，连珠纹的大与小、松与紧都是信手拈来，无拘无束，边轮与当面基本持平，兽面轮廓用一圈小而不规则的连珠纹构成，多边形眼窝，眼珠小圆，鼻如蒜头，鼻以下残破。唯瓦当左面留有船形嘴角，瓦当、瓦身烧制火候很高，擦掉皮壳，表面黝黑，胎质细腻，瓦身厚重，除纹饰形制鲜见，一切特征均符合唐代中期特征，故此瓦当为唐代制作无疑。

WADANGJILU

兽面纹瓦当

时代：隋、唐

材质：灰陶

出处：冀郭村慈相寺

当径：17.3厘米

当厚：1.8厘米

廓宽：3厘米

纹饰浮雕高：7.2厘米

此兽面纹瓦当，发掘于隋或唐初始建的慈相寺大殿维修地层。瓦当廓宽至3厘米，纹饰低于边轮，且向上凸起而高于当缘，形制完全符合唐代早期风格。纹饰以罕见的7.2厘米高浮雕手法表现，两叶形耳，分布于额两边，前额高突，眉骨隆起，眼窝深陷，眼珠小而圆，鼻似鹰鼻，鼻孔朝前，闭口，嘴角夸张向上延伸至两腮，深陷呈窝状，须、鬓、鬃卷成云纹状，相互连接布置于当内空白处一周。此兽面纹纹样鲜见于其他地区的考古发现及图书著录，是隋到唐初时期流行于平遥地区兽面纹饰的重要特征。

WADANGJILU

兽面纹瓦当

时代：唐代
材质：灰陶
出处：清虚观
当径：17厘米
当厚：1.5厘米

瓦当圆平，廓宽无边，直径17厘米，纹饰为兽面，与所见历代兽面纹瓦当图录均无相似。形制、尺寸与隋唐洛阳城遗址出土兽面纹瓦当相似，且清虚观始建于唐高宗显庆二年（657年），据此应定为唐代之物。

此瓦当，当较宽，当缘纹一周，连珠纹外围有不规则呈放射状连珠纹一周，兽面均向上凸起而高于当缘，无角、无鬃发、无须。额骨呈塔形用环状线条展示，凸显于整个面部，眉骨用随意、夸张的竖线条不规则摆放，眼珠凸起，眼窝用线条勾勒，似战国时期齐人的面纹，鼻梁连接额骨，鼻却用无形表现，鼻孔深陷，且用两圆球装饰，两腮似有线状毛发，左右不对称，阔口大张，牙齿外露呈单排，齿用点状形式表示，毫无锋利之感，两嘴角呈圆状，向上翘，似有舌、唇，兽面夸张，线条简洁，又不失庄重。当背有刀刻纹，环状纹质地细密，从工艺纹饰看又似早于隋、唐，应为兽面纹平遥瓦当之最。

WADANGJILU

兽面纹瓦当

时代：唐代
材质：灰陶
出处：古建公司仓库
当径：12.5厘米
当厚：1厘米
瓦身长：32厘米

此兽面纹瓦当，边轮与兽面之间饰一周凸弦纹，鬃、鬓、须连在一起，形成一圈整齐密集的短线纹带。眼眶略陷，小眼凸出，鼻孔朝前，叶形耳位于额头左右两侧，咧嘴，但见上下四颗“犬牙”，须较长，向两边弯曲，瓦当面径12.5厘米。此兽面纹瓦当属于唐中宗神龙元年（705年）至唐玄宗李隆基天宝十五年（756年）。这一时期的兽面纹瓦当边轮变窄，兽面不那么突出，多张口，边轮与当面基本持平，烧制火候提高，轻轻叩击，声音清脆入耳，部分火候很高，表面黝黑发亮，当面直径一般在9.9—15厘米之间。

WADANGJILU

兽面纹瓦当

时代：唐代
材质：灰陶
出处：东安社普庵寺
当径：11.5厘米
当厚：1.2厘米
瓦身长：32厘米
瓦身宽：12.5厘米

此兽面纹瓦当，当面直径11.5厘米，边轮与兽面之间没有装饰纹带。瓦身无钉孔；瓦腹有细麻布纹，当背有刀刻纹，为唐代中期建筑构件。

WADANGJILU

兽面纹瓦当

时代：唐代
材质：灰陶
出处：古建公司仓库
当径：12.5厘米
当厚：1厘米
瓦身长：28.5厘米

WADANGJILU

兽面纹瓦当

时代：唐代
材质：灰陶
出处：平遥地区唐墓出土
当径：9.5厘米
当厚：1.1厘米
瓦宽：9.8厘米
瓦身长：13.8厘米

此兽面纹瓦当为唐代墓室使用，是缩小比例的瓦当，并配滴水，瓦腹有布纹刀划痕。

WADANGJILU

兽面纹瓦当

时代：唐代
材质：灰陶
出处：古庙遗址
当径：11厘米
当厚：0.8厘米
瓦宽：11.5厘米
瓦身长：30厘米

WADANGJILU

兽面纹瓦当

时代：唐代
材质：灰陶
出处：古寺庙遗址
当径：13厘米
当厚：1.4厘米
瓦身长：32.5厘米
瓦宽：13厘米

此兽面纹瓦当，边轮宽2.2厘米，当面直径13厘米，边轮和当面之间有少见的两周凸弦纹，当面兽纹向上凸起，且高于当缘，以浮雕的手法表现，兽面眼眶略陷，呈多边形，眼球突出，鲜见之处是眼球居中深陷成窝状。三角形鼻，鼻孔朝前，阔口，形似元宝，露出上下两排牙齿，鬓须不明显，额头中部饰鬃毛，以并列的竖线表示，叶形耳，位于额头左右两侧，更为奇特之处是，左右两侧各为双耳，清晰可见。且瓦身胎质细腻、厚重，所有特征除鲜见之处外，均符合唐代特征，此兽面纹瓦当应为唐代之物。

WADANGJILU

兽面纹瓦当

时代：唐、宋
材质：灰陶
出处：三桥藏友
当径：11厘米
当厚：0.7厘米

WADANGJILU

兽面纹瓦当

时代：元代　　材质：灰陶
出处：制瓦厂仓库
当径：12厘米
当厚：0.8厘米
瓦宽：12.3厘米
瓦身长：25厘米

WADANGJILU

兽面纹瓦当

时代：辽、金　　材质：灰陶
出处：古庙遗址
当径：10厘米
当厚：0.8厘米
瓦宽：12厘米
瓦身长：23.7厘米

WADANGJILU

兽面纹瓦当

时代：辽、金
材质：灰陶
出处：泥瓦匠
当径：10.5厘米
当厚：0.9厘米

WADANGJILU

兽面纹瓦当

时代：辽、金
材质：灰陶
出处：古庙遗址
当径：11厘米
当厚：1厘米
瓦身长：29厘米

WADANGJILU

兽面纹瓦当

时代：辽、金
材质：灰陶
出处：泥瓦匠
当径：11厘米
当厚：1.1厘米
瓦身长：24厘米

WADANGJILU

兽面纹瓦当

时代：辽、金
材质：灰陶
出处：古建工地
当径：11厘米
当厚：1厘米

WADANGJILU

兽面纹瓦当

时代：宋、金　　材质：灰陶
出处：西源祠寿圣寺
当径：12厘米
当厚：1厘米
瓦宽：12.2厘米
瓦身长：26厘米

WADANGJILU

兽面纹瓦当

时代：辽、金
材质：灰陶
出处：古建公司仓库
当径：10.5厘米
当厚：1.4厘米
瓦身长：28厘米

此兽面纹瓦当，当面直径10.5厘米，当背有刀刻纹，纹饰鲜见。瓦当圆平，廓下部有波浪形边轮。边轮和纹饰之间有两周并列的凸弦纹，鬃、鬓、须用竖短线沿弦纹排列相连。兽面凸起于当面，浮雕高度相对较低，两角平置呈倒“八”字形分置于前额两边，两角正中刻有一“王”字。眉骨隆起与双角之间有一条横向棱骨，两耳叶状，分置于当面前侧，每侧均以两耳叠加出现。眼眶多边形，眼珠圆而突出。鼻，三角形，所凸起处为兽面最高点，鼻孔朝下。口似元宝，翘起的两端延伸至腮与眼窝相交处，鲜见之处是：口衔丝带，而非环。丝带飘向两边，给人以一种呼之欲出的感觉。兽面庄严而不凶残，张口而未露一齿，纹饰突起而当面圆平。留一个谜，让好事者去猜、去考、去想、去证，这正是古代匠人智慧的体现，也是好事者乐于追求的乐趣。

WADANGJILU

兽面纹瓦当

时代：宋、辽
材质：灰陶
出处：古建公司仓库
当径：11—13.5厘米
当厚：1.3—1.5厘米
瓦身长：28厘米

此兽面纹瓦当，当径最大13.5厘米，最小11厘米，是有两个直径尺寸的圆瓦当。上大下小，而非半瓦当纹样的组合，兽面纹独立完整，上下当面浑然一体。下半部分所残缺的正好是瓦当边轮部分，以瓦身为中将当面分成两个不同尺寸的圆。此种形制从战国到明清瓦当图录均未出现过，口内衔环，符合辽中期、金、元时代瓦当特征。边轮较宽，连珠纹界于当面与边轮之间，多张口吐舌，且边轮与当面基本持平，面径多在10.1—15厘米之间，这些唐代中晚期的特征又恰恰与此兽面瓦当相符。双目圆形，叶形双耳，阔口大张、露齿，也是金国兽面纹瓦当的典型特征。瓦身胎质细密，形体较大，钉孔为圆，瓦身布满麻布纹，制作工艺精致、规整，综合所有特征，此兽面纹瓦当应定位宋、辽之间，有待专家考证。

WADANGJILU
兽面纹瓦当

时代：宋、元
材质：灰陶
出处：古建公司仓库
当径：13厘米
当厚：1.6厘米
瓦宽：14.5厘米
瓦身长：33厘米

此兽面纹瓦当，没有边轮纹饰，直接以浮雕的手法表现于当面，当面上部风化、剥落严重，多边形眼窝深陷，眼球突出，面目狞狰，鼻呈三角，船形口微张，牙齿毕现，清晰可数，“八”字形胡须从唇下延出向外卷曲，两腮鬃毛用短细线刻画，依稀可辨。

WADANGJILU
兽面纹瓦当

时代：辽、金
材质：灰陶
出处：古建公司仓库
当径：13.3厘米
当厚：1.3厘米
瓦宽：15厘米
瓦身长：35.2厘米

WADANGJILU
兽面纹瓦当

时代：宋、辽
材质：灰陶
出处：泥瓦匠
当径：11厘米
当厚：1.1厘米
瓦身长：24厘米

WADANGJILU

兽面纹瓦当

时代：元代
材质：灰陶
出处：古建公司仓库
当径：13厘米
当厚：1厘米
瓦宽：13.7厘米
瓦身长：32.5厘米

此瓦当形制、纹饰为元代典型特征，金、元时期的兽面纹瓦当边轮不甚明显，兽面纹以浮雕或高浮雕的手法直接表现于当面。且流行一种下部半圆、上部呈凸弧形的不规则的当面形式，纹饰集中布置在当面的下部，将上部留出很大空间，或直接省去。蒜鼻、海口，鬃毛多成绺，卷曲成团状，气势威严逼人，风格较宋代粗放、浑厚。

WADANGJILU

兽面纹瓦当

时代：金、元
材质：灰陶
出处：古建筑工地
当径：10厘米
当厚：0.8厘米
瓦身长：32厘米

此兽面纹瓦当纹饰以高浮雕的手法直接饰于当面，无边轮，无凸弦纹，是元代兽面纹瓦当的形制特征。当面正中饰一兽面，前额刻有“王”字，卷曲呈“八”字眉，圆叶状耳，小圆眼，鼻小而突起，且鼻孔朝前，船形口露出七枚牙齿，其中左右各一枚犬齿，须、髯、鬓皆成绺，卷曲成团状，且相连，与内蒙古清水河古城遗址出土的兽面纹瓦当，除当面尺寸外，纹饰基本相似。结合其他特征，应为金、元之物。

WADANGJILU

兽面纹瓦当

时代：元代
材质：琉璃（黄绿釉）
出处：山西芮城永乐宫
当径：17厘米
当厚：1.2厘米

永乐宫，又名大纯阳万寿宫，始建于元代定宗贵由二年（1247年），为皇家道观。此兽面纹瓦当，当面直径17厘米，瓦身硕大，为元、明盛行的黄绿釉琉璃瓦，形制承宋，边轮与当面基本持平，瓦当为元初制作，兽面为元初标准纹饰。

WADANGJILU

兽面纹瓦当

时代：元代
材质：灰陶
出处：古庙遗址
当径：11.5厘米
当厚：1厘米
瓦身长：26厘米

WADANGJILU

兽面纹瓦当

时代：元代　　材质：灰陶

出处：藏友

当径：12厘米

当厚：1厘米

瓦宽：12.5厘米

瓦身长：24.8厘米

WADANGJILU

兽面纹瓦当

时代：元、明

材质：灰陶

出处：古建工地

当径：11.5厘米

当厚：1厘米

瓦宽：11.5厘米

WADANGJILU

兽面纹瓦当

时代：辽、金　　材质：灰陶

出处：古庙遗址

当径：11厘米

当厚：1厘米

瓦身长：27厘米

WADANGJILU

兽面纹瓦当

时代：明代

材质：灰陶

出处：藏友

当径：8厘米

当厚：1.2厘米

WADANGJILU

兽面纹瓦当

时代：明代

材质：灰陶

出处：古建工地

当径：11.3厘米

当厚：1.1厘米

瓦宽：11.8厘米

瓦身长：23.5厘米

WADANGJILU

兽面纹瓦当

时代：元、明

材质：琉璃（孔雀蓝釉）

出处：古建公司仓库

当径：10.5厘米

当厚：0.7厘米

瓦宽：11.5厘米

瓦身长：25厘米

WADANGJILU

兽面纹瓦当

时代：明代

材质：灰陶

出处：古庙遗址

当径：11.5厘米

当厚：1.1厘米

瓦身长：25.5厘米

WADANGJILU

兽面纹瓦当

时代：明代　　材质：灰陶

出处：三桥藏友

当径：12厘米

当厚：1.2厘米

瓦宽：12.5厘米

瓦身长：28.5厘米

WADANGJILU

兽面纹瓦当

时代：明代

材质：琉璃（正绿釉）

出处：杜村关帝庙

当径：10.5厘米

当厚：1厘米

瓦宽：12厘米

此瓦当胎质为红褐陶，瓦身钉孔方形，且有方形铁钉残留，从胎质和釉色看，应为平遥县杜村烧造。

WADANGJILU

兽面纹瓦当

时代：明代

材质：灰陶

出处：古庙遗址

当径：11厘米

当厚：1厘米

瓦身长：25.5厘米

WADANGJILU

兽面纹瓦当

时代：明代
材质：红褐陶琉璃（孔雀蓝釉）
出处：杜村关帝庙
当径：9.5厘米
当厚：1.2厘米
瓦身长：25厘米

此兽面纹瓦当，红褐陶质地，施以孔雀蓝釉。主题纹饰没有边轮，兽面直接饰于当面。鬃、须呈卷，两耳不再似早期的叶状耳而竖立于前额两侧，而是两耳耷拉于眉骨两端。眉、耳、鬃、须均以曲线装饰。眼窝深陷，双眼圆睁，蒜鼻呈三角形。船形口微张，牙齿清晰可数。明承宋制，兽面已不再像元代的凶残，但也不失威严庄重。孔雀石富含碱式碳酸铜，孔雀蓝釉是以氧化铅为助燃剂，铜元素为着色剂，是以石沫、铜花、牙硝为主的低温釉。从元代开始，创烧于山西东南部一带长治地区，但技术较差，至明代烧制工艺达到高峰，并且烧造工艺迅速传至周边地区。此瓦当是明代平遥杜村窑烧造，这种红褐陶胎质是平遥地区的窑土特征。

WADANGJILU

兽面纹瓦当

时代：明代
材质：灰陶
出处：古建筑工地
当径：11厘米
当厚：1厘米

此兽面纹瓦当，当径11厘米，瓦当下部为如意头，为明代制作。边轮与当面之间凸弦纹随如意头曲张环绕，兽面鬓须用粗短不同的竖线条表示，鬓毛卷曲与耳相连，额突出且饰一头箍。双耳耷拉于额前两侧，眉骨高高隆起。元宝口，犬牙两枚，左右各一，门牙五枚，清晰可数。蒜头鼻，鼻孔朝下，向外露出。兽面凶而不残，憨态可掬，又不失庄严。

WADANGJILU

兽面纹瓦当

时代：明代
材质：灰陶
出处：古建工地
当径：10厘米
当厚：0.9厘米
瓦身长：23厘米

WADANGJILU

兽面纹瓦当

时代：明代
材质：灰陶
出处：古庙遗址
当径：11厘米
当厚：1厘米
瓦宽：11.5厘米
瓦身长：24.5厘米

WADANGJILU

兽面纹瓦当

时代：明代
材质：灰陶
出处：古庙遗址
当径：11厘米
当厚：1.5厘米
瓦身长：25.5厘米

WADANGJILU

兽面纹瓦当

时代：清代　　材质：灰陶
出处：古建工地
当径：10厘米
当厚：1厘米
瓦宽：10.5厘米
瓦身长：22.8厘米

WADANGJILU

兽面纹瓦当

时代：清代　　材质：灰陶
出处：古建工地
当径：11.5厘米
当厚：0.6厘米
瓦宽：11.5厘米
瓦身长：22厘米

WADANGJILU

兽面纹瓦当

时代：清代

材质：夹砂灰陶

出处：减速器厂旧址

当径：10.5厘米

当厚：7厘米

WADANGJILU

兽面纹瓦当

时代：清代

材质：灰陶

出处：古城民居

当径：10厘米

当厚：0.8厘米

瓦身长：23厘米

WADANGJILU

兽面纹瓦当

时代：清代

材质：灰陶

出处：古城民居

当径：10.8厘米

当厚：0.9厘米

瓦身长：27厘米

WADANGJILU

兽面纹瓦当

时代：清代　　材质：灰陶

出处：古庙遗址

当径：12厘米

当厚：1.5厘米

瓦身长：27厘米

WADANGJILU

兽面纹瓦当

时代：清代

材质：灰陶

出处：泥瓦工

当径：10厘米

当厚：0.9厘米

WADANGJILU

兽面纹瓦当

时代：清代

材质：灰陶

出处：古城民居

当径：11厘米

当厚：1厘米

WADANGJILU

兽面纹瓦当

时代：清代　　材质：灰陶

出处：古建工地

当径：10.5厘米

当厚：1厘米

瓦身长：23厘米

WADANGJILU

兽面纹瓦当

时代：清代　　材质：灰陶

出处：古建工地

当径：11.5厘米

当厚：1.1厘米

瓦宽：12厘米

瓦身长：26厘米

WADANGJILU

兽面纹瓦当

时代：清代
材质：灰陶
出处：泥瓦工
当径：9.8厘米
当厚：1厘米

WADANGJILU

兽面纹瓦当

时代：清代
材质：灰陶
出处：古建工地
当径：14厘米
当厚：1.3厘米
瓦身长：24厘米

WADANGJILU

兽面纹瓦当

时代：清代　　材质：灰陶
出处：古建工地
当径：12厘米
当厚：1.2厘米
瓦宽：12厘米
瓦身长：25.7厘米

WADANGJILU

兽面纹瓦当

时代：清代　　材质：灰陶
出处：泥瓦工
当径：10.5厘米
当厚：1.1厘米
瓦宽：11.2厘米
瓦身长：19.2厘米

WADANGJILU

兽面纹瓦当

时代：清代
材质：灰陶
出处：古建工地
当径：10厘米
当厚：1.2厘米
瓦身长：24厘米

WADANGJILU

兽面纹瓦当

时代：清代
材质：灰陶
出处：砖瓦厂仓库
当径：9厘米
当厚：1厘米
瓦宽：11厘米
瓦身长：23厘米

WADANGJILU

兽面纹瓦当

时代：近现代
材质：琉璃（蓝绿釉）
出处：古建工地
当径：10.5厘米
当厚：1厘米
瓦身长：27厘米

WADANGJILU

兽面纹瓦当

时代：近现代
材质：琉璃（绿釉）
出处：古建公司仓库
当径：13厘米
当厚：1.4厘米
瓦身长：27厘米

WADANGJILU

兽面纹瓦当

时代：近现代

材质：灰陶

出处：山西交城卦山

当径：3.8厘米

当厚：0.5厘米

瓦身长：7.3厘米

此兽面纹瓦当，当径3.8厘米，瓦身长7.3厘米，得于交城卦山“树中阁”，是鲜见的微形实用建筑构件。可赞之处是物件虽微，工艺不减，仍按传统工艺制作，瓦身、瓦当粘接工艺明显，而非一次模压成形。

WADANGJILU

兽面纹瓦当

时代：近现代（仿制品）

材质：琉璃（正绿釉）

出处：古建公司仓库

当径：14厘米

当厚：1.4厘米

瓦宽：14.3厘米

瓦身长：31厘米

WADANGJILU

兽面纹瓦当

时代：近现代
材质：灰陶
出处：古建工地
当径：12厘米
当厚：1厘米
瓦身长：24厘米

WADANGJILU

兽面纹滴水

时代：辽代
材质：灰陶
出处：泥瓦匠
当径：14.5厘米
中高：8厘米
当厚：1.5厘米
瓦宽：17.5厘米
瓦厚：2厘米
瓦身长：28.5厘米

滴水有残，朵边月形，当面边轮与当心同一平面，凸弦纹随朵边凹弧，将主题纹饰置于当心。兽面为“蝠”，“蝠”是古代建筑构建、装饰常用的题材，“蝠”与“福”谐音，尤其在明、清两代寓意吉祥，是人们生活中建筑、家具、日用品的固定需求，但用于瓦当中的“蝠”还是极为少见的。

WADANGJILU

兽面纹滴水

时代：辽代
材质：灰陶
出处：泥瓦匠
当径：12.5厘米
中高：6.5厘米
瓦宽：13.5厘米
瓦身长：23.5厘米

此兽面纹滴水，半月形朵边如意头，凸弦纹勾勒出了主题纹饰之兽面，兽面神秘而简洁，眼硕大，凸显呈叶形，眼珠突出，鼻三角形，嘴船形，无牙、无舌，口不含环，两侧饰以云纹。

WADANGJILU

兽面纹滴水

时代：辽代
材质：灰陶
出处：古建公司仓库
当径：12.5厘米
中高：7.5厘米
瓦宽：14.5厘米
瓦身长：23.3厘米

WADANGJILU

兽面纹滴水

时代：元、明　　材质：灰陶
出处：古建工地
当径：14厘米
中高：7厘米
当厚：1.3厘米
瓦宽：17厘米
瓦厚：2.4厘米
瓦身长：24厘米

兽面纹滴水，形制是朵边如意头、半月形，兽面眼部凸显，眼眶细线勾勒，眼珠大而圆，愈显曝出，蒜头鼻，连同鼻梁高高隆起，两眉骨突起且用细短线刻画，口稍张，獠牙毕露，门牙清晰整齐，两腮阔张，面目狞狰，显现残暴，两耳叶状置于滴水两角，起到了画龙点睛的作用。

WADANGJILU

兽面纹滴水

时代：明代　　材质：灰陶
出处：古寺庙遗址
当径：13.5厘米
中高：7厘米
当厚：1.2厘米
瓦宽：15.5厘米
瓦身长：23.8厘米

WADANGJILU

兽面纹滴水

时代：明代　　材质：灰陶
出处：泥瓦匠
当径：15厘米
中高：7.5厘米
当厚：1厘米
瓦厚：2厘米
瓦宽：18厘米
瓦身长：27.5厘米

WADANGJILU

兽面纹滴水

时代：明代　　材质：灰陶
出处：泥瓦匠
当径：15厘米
中高：7厘米
当厚：1.2厘米
瓦宽：16厘米
瓦身长：26厘米

WADANGJILU

兽面纹滴水

时代：明代　　　材质：灰陶
出处：泥瓦匠
当径：14厘米
中高：7厘米
当厚：0.8厘米
瓦厚：2.2厘米
瓦宽：15.8厘米
瓦身长：24厘米

WADANGJILU

兽面纹滴水

时代：清代　　　材质：灰陶
出处：泥瓦匠
当径：15厘米
当高：9厘米
当厚：1.5厘米
瓦身长：25厘米

WADANGJILU

兽面纹滴水

时代：清代　　　材质：灰陶
出处：古建工地
当径：14厘米
中高：7厘米
当厚：0.8厘米
瓦厚：2.1厘米
瓦宽：16.5厘米
瓦身长：24.8厘米

动物纹瓦当自古有之，先秦时代以齐国的“树木双兽”纹，秦国的单一动物、组合动物瓦当最为杰出，是先民们以游牧狩猎为主的生活写照以及人们对动物难以割舍的天然兴趣。汉代以后动物纹瓦当逐渐衰落，到了明、清时代动物纹瓦当又渐兴盛，它们大都寓意吉祥，反映了这一时期的社会特征。

动物类

DONGWULEI

WADANGJILU

龙纹瓦当

时代：魏晋—南北朝
材质：灰陶
出处：卜宜村清凉寺
当径：13.8厘米
当厚：1.3厘米
瓦宽：15厘米

此龙纹瓦当，得于北魏普泰年间的清凉寺瓦砾堆中，搜遍瓦当图书著录，未见与其纹饰有相似者。据申云艳博士《中国古代瓦当研究》记述，从全国各地区考古发现的瓦当来看，除王莽时期“四灵”之青龙外，龙纹圆瓦当始制于唐开元年间陕西华清宫莲花汤。此龙纹瓦当，形制尺寸与这一时期龙纹瓦当相似，边轮1—2厘米宽；龙纹皆以高于当面的浮雕形式表现；瓦当直径在14—17厘米之间。从纹饰看，边轮1.5厘米宽，且高于当心，纹饰以浮雕的形式表现，龙首似蛇，延伸至瓦当中下部，无须无髯无角，龙嘴前方饰一火球，龙身鳞甲用网格纹表现，龙腿、龙爪均不显见，躯干粗壮、强健，龙尾似蛇尾摆动至龙首下方，似飞似舞，盘旋于空中。鲜见与其他纹饰中的还有，龙嘴无牙，龙首无须毛，颈细于头、身部，纹饰简洁粗犷，却灵动如生。瓦身大，胎质细腻，当背有早期制作瓦当工艺的刀刻纹指抹痕迹。综观，此龙纹瓦当应该是清凉寺始建时期之物。

WADANGJILU

龙纹瓦当

时代：唐代
材质：灰陶
出处：古玩商
当径：13厘米
当厚：1.2厘米
边轮：2厘米

此瓦当形制符合唐代风格，外廓较宽，当面低于边轮，纹饰以浮雕的手法表现。龙纹身体肥美健壮，龙身上的斜格纹构成鳞片，脊背带鳍，龙尾似蛇尾，龙身呈盘曲翻滚之状。龙首无角，须、耳皆无，嘴大张，口喷火球，眼大而圆睁，形状夸张。发须束成蓬状，与下颚疏须皆用线条刻画，粗犷灵动。龙纹矫健有力，欲飞九霄，极有气势。龙腿、爪不显见，配饰似有云纹磨灭不清，略可辨识。当背刀刻纹明显粗宽，似绳纹，应为唐代建筑物构建。

WADANGJILU

龙纹瓦当

时代：唐、宋
材质：灰陶
出处：古庙遗址
当径：12厘米
当厚：1.2厘米
瓦宽：16.5厘米

此龙纹瓦当，廓与当面之间有一条凸弦纹，弦纹粗状似一巨大门环，弦纹内当面高于边轮，主题龙纹以浮雕手法表现，云山雾海填满空白当面，隐于凸起当面。龙首有角无须，无髯，无对称长曲须，嘴大张，吐舌，角不分叉，身体肥美健壮，似蛇体，鳞甲作短弧线状，脊背带鳍，龙尾似蛇尾，四肢有力，肌肉隆起，龙爪隐于云端，龙躯盘曲呈“S”形，龙首高高隆起，龙尾摆动至龙首下方，凶猛威武，气势冲天。瓦当直径12厘米，形制似宋而又有唐代特征的龙纹饰，龙身周围饰以云、水。这一时期较少出现，唯宋代北方地区遗址出土的龙纹瓦当有此纹饰。综观应为唐、宋过渡期制作。

WADANGJILU

龙纹瓦当

时代：唐、宋
材质：灰陶
出处：古建公司仓库
当径：13.8厘米
当厚：1.3厘米
瓦宽：16厘米
瓦身长：33.5厘米

从纹饰看，边轮与纹饰有一周凸弦纹。龙首居上，无须，有角且为单，龙嘴前方饰一火球，火焰四射，龙腿、龙爪均不显见，躯干粗壮、强健，龙尾似蛇尾，盘曲腾跃，龙尾摆动至龙首下方，似飞似舞。鲜见于其他纹饰的刻画还有龙嘴无牙、龙首无须毛、躯体无任何表现手法刻画的鳞甲。纹饰简洁粗犷，却灵动如生。瓦身硕大，胎质细腻，当背有早期制作瓦当工艺的刀刻纹。综观，此龙纹瓦当应该是唐、宋之物。

WADANGJILU

龙纹瓦当

时代：唐代
材质：灰陶
出处：梁村老爷庙
当径：11.5厘米
当厚：1.5厘米
瓦身长：29.6厘米
瓦腹布纹，瓦当背指纹泥加固痕迹
胎质细密，瓦身沉重（1.77千克）

此龙纹瓦当，当圆廓宽，内凹，当面直径11.5厘米，其各部位用线示画，龙身纵贯脊梁有一条线，沿脊梁两旁分别以线代鳞甲，腿爪有别于其他龙纹。龙首居于上左，身蜿蜒于廓内，四腿布于弯转空处，错落有致，粗犷古朴，不重细部刻画，有春秋战国之遗风。成乃凡先生以为汉，自宋人珍藏，辑录汉瓦以来，以及各地考古遗存，除王莽“四灵”之青龙纹瓦当外均未发现有考证的龙纹瓦当。且当面直径未见小于14厘米以下者，瓦身密度也逊于汉瓦，目前有考证的龙纹圆瓦当出现于唐，临潼华清宫莲花汤遗址、洛阳龙门奉先寺遗址、北宋皇陵遗址、河南巩县永昭陵、宋太宗明德皇后陵遗址……相继出土了龙纹瓦当、滴水。考古学界一般认为此为最早之龙纹瓦当，出土瓦当形制与此瓦当相似。1994年，隋、唐洛阳城宫城遗址出土一件龙纹瓦当，其纹样、形制与此瓦当极其相似，同样以线条表现龙身、脊梁。唯当径尺寸有所差别，故瓦当应定为唐代产物。

WADANGJILU

龙纹瓦当

时代：宋代
材质：灰陶
出处：沁源灵空山
当径：12厘米
当厚：1.3厘米
瓦身长：29厘米

此龙纹瓦当，平遥也有发现。形制与宋代瓦当相符，边轮宽与当面基本持平，凸弦纹一周，主题纹饰以浮雕形式表现，当径在12—15厘米。此瓦当纹饰为龙首居上，且鲜见于其他龙首是正面向前的龙纹瓦当，端庄严肃，龙身翻转盘曲；前后两肢伸向两旁，三趾四爪显露于云端，背鳍鳞甲用短线装饰。蛇尾与卷云纹相辅组合，宋代龙纹瓦当一般不饰云纹或水纹，唯见于北方地区。河北张北地区曾出土一件龙纹瓦当与其相似，质地坚硬，边轮内有了弦纹一圈 ，龙纹空出当面，龙身盘曲翻腾于海水之上，龙首居中，龙身腿粗壮浑圆，龙鳞清晰密集。边轮宽2.1厘米，当厚1.3厘米。综上，此龙纹瓦当应为宋代制作。

双龙纹瓦当

时代：宋、辽

材质：红褐陶

出处：东良鹤村委大院

当径：12厘米

当厚：1厘米

瓦当平圆，当径12厘米，胎质细密，工艺精致，边轮内与当面有凸弦纹一周，纹饰与廓基本持平，龙首、尾不能辨，龙身饰条状，局部隐约似鳞甲，曲折翻转似两条龙盘旋于空中，龙身周围不饰云朵纹或水纹，两条龙身、腿、爪皆不可见，唯见龙身盘曲升腾，不得不叹服古代匠人的奇思异想与不可捉摸。也许它的背后还有更多谜一样的故事，图书著录未曾见有双龙纹瓦当，综观能识之处，此龙纹瓦当应为宋、辽时期制作。

WADANGJILU

龙纹瓦当

时代：宋、元
材质：灰陶
出处：遮胡村霍家寺
当径：12.5厘米
当厚：1厘米
瓦宽：13.6厘米
瓦身长：31厘米

瓦当得于遮胡村霍家寺，此寺始建年代未见记载，但从建筑遗件看，元代构件居多。瓦当上半部分当径大于下半部分当径，形成“帽”状，此形制是宋代特征。纹饰龙盘曲于当心，龙首置于右中，嘴大张，而牙不外露，龙鼻夸张突出，眼窝凹陷，眼珠凸显，龙角向后延伸，形态生动而面目凶残，当心纹饰无其他配饰，也符合宋代特征。综合分析，此瓦当应为宋、元之物。

WADANGJILU

龙纹瓦当

时代：宋代
材质：红褐陶
出处：城南南神庙
当径：13厘米
当厚：1.2厘米
瓦宽：13.8厘米
瓦身长：31.5厘米

此瓦当因年久而沧桑，可能在屋顶所处位置不佳，故纹饰细部已漫漶不清，并裸露出红褐陶胎质，当心纹饰可辨为升龙，龙首居上中，嘴大张，头小、脚大、身躯壮实，有威武感，符合宋代龙饰特征，综合出处、形制、纹饰、瓦身尺寸、制作工艺，判断为宋代制作。

WADANGJILU

龙纹瓦当

时代：元、明
材质：红褐陶
出处：李建平先生所藏
当径：12.8厘米
瓦身长：32厘米

此龙纹瓦当，当面直径较大，为12.8厘米，瓦身长达32厘米，为藏友李建平先生珍藏。当面由乳钉纹、凸弦纹各一圈将当心与边轮分开，龙纹造型奇特，盘曲于当心，龙首、躯、尾均为蛇形，具有唐代特征；龙身鳞纹呈鱼鳞状甲片，符合宋人风格；当面布满云纹非宋代特点；身体弯曲呈长蛇状，鱼鳞纹、头部细小又似元代特征；龙身细小，无腿、无脚、无脊、无鳍，首无角、无须，牙舌皆无，又不符合任何时代特征。从形制、瓦身工艺分析符合元、明时代制作特点，姑且推为元、明，有待专家考证。

WADANGJILU

龙纹瓦当

时代：明代早期
材质：琉璃（孔雀蓝釉）
出处：藏友
当径：12.5厘米
当厚：1厘米
瓦宽：13.6厘米
瓦身长：31厘米

此孔雀蓝釉琉璃龙纹瓦当为明代晋王府使用。

WADANGJILU

龙纹瓦当

时代：明代
材质：琉璃（孔雀蓝釉）
出处：市楼工地
当径：12厘米
当厚：1.1厘米
瓦身长：26.5厘米

WADANGJILU

龙纹瓦当

时代：明代
材质：灰陶
出处：西方寺遗址
当径：12厘米
当厚：1.0厘米
瓦身长：30厘米

此龙纹瓦当，火候较高，质地坚硬，边轮内有凸弦纹一周，龙身盘曲翻腾于海水之上，龙首居上，躯体外凸，龙身、龙腿粗壮浑圆，龙首似凤头，龙鳞清晰密集，龙尾无形，延伸于海水中。龙纹圆瓦当最早发现于唐代华清宫莲花汤遗址。唐代出土的龙纹瓦当的共同特点是：边轮较宽，均在2厘米左右；宋承唐制，其纹饰少有龙身周围饰以云朵、水纹；而明承宋制，瓦当、滴水的式样、纹样皆取法《营造法式》，宋代与明代龙纹瓦当上的爪纹区别明显，宋代的五爪尚未形成圆轮形，而明代龙爪已明显成轮形。此龙纹瓦当，纹饰与宋相符，但龙爪、瓦当边轮的形制与宋代不符，按此论瓦当应为明代早期制作。

WADANGJILU

龙纹瓦当

时代：明代
材质：琉璃（黄釉）
出处：藏友
当径：14厘米
当厚：1.3厘米
瓦宽：14.5厘米

此琉璃瓦当，当面为黄釉，瓦身为蓝绿釉，乳钉纹装饰于边轮、凸弦纹内，较为鲜见，黄釉艳亮，龙纹气势雄浑，当为明代王府或皇家寺庙使用。

WADANGJILU

龙纹瓦当

时代：明代
材质：琉璃（绿釉）
出处：东堡村观音殿
当径：11厘米
当厚：1.4厘米
瓦身长：24厘米

WADANGJILU

龙纹瓦当

时代：明代
材质：琉璃（孔雀蓝釉）
出处：古建公司仓库
当径：12.5厘米
当厚：0.8厘米
瓦宽：13厘米
瓦身长：25厘米

孔雀蓝釉龙纹瓦当，瓦身制作特别，与当身粘结呈45度，为特定建筑专门订制的构建。此瓦当，当径12.5厘米，瓦身釉面剥落较多，开片自然，胎体轻薄规整，质地细腻。龙纹为方首、龙睛圆睁平视，面端鼻尖呈“如意状”，腿部雄壮，矫健有力，爪似“车轮”。猪嘴龙、车轮爪均是明代中期龙纹瓦当的典型特征，此瓦当为明代制作无疑。

WADANGJILU

龙纹瓦当

时代：明代
材质：琉璃（黄绿釉）
出处：古建公司仓库
当径：10.5厘米
当厚：0.8厘米
瓦宽：13厘米
瓦身长：25厘米

黄绿釉龙纹瓦当，圆平，当面凹于外廓，龙纹以浮雕手法饰于当面，与边轮基本持平，当径10.5厘米，为明代制作琉璃瓦当。龙的形象不如元代凶猛，龙首比元代大，闭嘴，上唇呈如意状，鼻的两侧有对称的长曲须，下颚有疏须，头发束疏发，圆眼平视，耳如叶状，双角分岔，龙爪四趾，成风车状，趾甲呈三角形，略微内弯，锋利刚劲，脊背带鳍，龙尾显得肥而短，似蛇尾，翻转回旋作升腾欲远状，欲飞九霄云外，很有气势。瓦身有孔钉，原为官家、寺庙使用。

WADANGJILU

龙纹瓦当

时代：明代
材质：琉璃（孔雀蓝釉）
出处：古建公司仓库
当径：12.5厘米
当厚：1厘米
瓦宽：12.7厘米
瓦身长：28厘米

此瓦当直径12.5厘米，是创烧于山西的孔雀蓝釉琉璃瓦，釉色亮丽，形制圆平，廓内当面高于边轮，纹饰以高浮雕手法表现于当面，且依次而高，层次分明，纹饰为右升龙，龙首居上，耳、角、鳍分明，张口吐珠，刻画传神逼真。龙身屈曲盘旋，左弯右拐，鳞甲高低变化，有明晰、有隐约，龙爪随弯而饰，简洁有力，当为明代之物。

WADANGJILU

龙纹瓦当

时代：明代
材质：琉璃（孔雀蓝釉）
出处：古建公司仓库
当径：12厘米
当厚：1厘米
瓦身长：26厘米

龙纹瓦当

时代：明代
材质：琉璃（孔雀蓝釉）
出处：古建公司仓库
当径：12厘米
当厚：0.9厘米
瓦身长：26厘米

此孔雀蓝釉龙纹瓦当，烧造于于明代，从釉色看光鲜亮丽，釉面开片自然细微，属于孔雀蓝釉烧造成熟期制品。纹饰为龙体变粗，五趾、鹰爪为永乐时期特征；闭嘴，方首，毛发上竖，龙睛圆睁平视，为成化至正德时期特征；龙首面端鼻尖绘成如意状似猪嘴，俗称“猪嘴龙”，是嘉靖至万历时期特征，当面龙首居上，腿部、趾爪刻画得矫健有力，龙身翻腾升跃，当面下部略有残缺。

WADANGJILU

龙纹瓦当

时代：明代

材质：琉璃（酱釉）

出处：梁村积福寺

当径：12厘米

当厚：1.3厘米

酱釉琉璃龙纹瓦当圆平，当面宽而凸起，龙饰用浮雕手法刻画于当心，且与当面边轮基本持平，瓦当面径12厘米，酱釉明亮艳丽，龙身翻转回旋，气势威猛，属明代制作。

WADANGJILU

龙纹瓦当

时代：明代

材质：琉璃（蓝绿釉）

出处：藏友

当径：11厘米

瓦宽：11.3厘米

当厚：1.5厘米

瓦身长：28厘米

WADANGJILU

龙纹瓦当

时代：明代
材质：灰陶
出处：古建公司仓库
当径：11.5厘米
当厚：1.6厘米
瓦宽：12.5厘米
瓦身长：34厘米

此龙纹瓦当为灰陶制作，双凸弦纹，使外廓变小，而突显了纹饰主题，龙纹饰以高浮雕手法刻画，鳞甲细致，清晰可数，龙脊随龙身盘曲而隐现，龙睛暴胀，须发向后飘，龙首似凤头，向外廓俯冲，在龙纹饰中鲜见。

WADANGJILU

龙纹瓦当

时代：明代
材质：琉璃（孔雀蓝釉）
出处：城隍庙
当径：12厘米
当厚：1厘米
瓦身长：25.5厘米

此龙纹瓦当，当径12厘米，为孔雀蓝釉琉璃瓦当。瓦当形圆，廓平，当面纹饰圆形略高于边轮，形制有别于同类瓦当，纹饰以浮雕的手法表现，且层次有别，依次而高，纹饰生动形象。当内饰以右升龙，龙首居上，有耳，有角，有鳍，将火球吐纳于张嘴之中，角分叉，眼突张，灵动且传神。龙身弯曲翻转有度，蛇尾摆至龙首前，鳞甲随浮雕高低而变化，主次分明。龙爪似鹰爪，刚劲有力，安排得当。唇似如意，趾甲内弯，爪成轮状，是明代龙纹典型特征。明代瓦当的主要纹饰是龙纹饰，也是孔雀蓝釉的成熟期和兴盛期，综观，此瓦当应为明代制作。

WADANGJILU

龙纹瓦当

时代：清代
材质：灰陶
出处：古建公司仓库
当径：12厘米
当厚：1.4厘米
瓦宽：13.5厘米
瓦身长：25厘米

此瓦当平圆，当心由一条凸弦纹与边轮分离，龙首居上，须、角、眼、髯俱全。龙身鳞甲刻画细致入微，层次分明，龙脊纵贯全身，龙尾隐去，卷云纹突出，点缀于当心空间，龙身盘曲回旋，作升腾欲远飞状，矫健有力。

WADANGJILU

龙纹瓦当

时代：清代
材质：琉璃（正绿釉）
出处：古庙遗址
当径：11厘米
当厚：1厘米
瓦身长：22厘米

瓦当正绿釉，红褐陶胎质，纹饰为正面坐龙，清代制作。当面边轮较窄，纹饰龙造形较为少见，龙首正上，龙角向内弯且较为凸显，龙嘴拟喷水状，龙身灵动，腿爪矫健有力，龙纹升坐于海水之上。瓦当下部有残，釉质粗糙，但仍不失为龙纹瓦当中的善品。

WADANGJILU

龙纹瓦当

时代：清代
材质：琉璃（蓝绿釉）
出处：藏友（市楼）
当径：12厘米
当厚：1厘米
瓦身长：22.5厘米

WADANGJILU

龙纹瓦当

时代：清代
材质：琉璃（孔雀蓝釉）
出处：古建公司仓库
当径：12.4厘米
当厚：1.1厘米
瓦宽：12.5厘米
瓦厚：1.4厘米
瓦身长：27.5厘米

WADANGJILU

龙纹瓦当

时代：清代
材质：琉璃（黄釉）
出处：曹村关帝庙
当径：11厘米
当厚：1厘米

WADANGJILU

龙纹瓦当

时代：近现代

材质：琉璃（蓝釉）

出处：市楼

当径：11.5厘米

当厚：1.5厘米

WADANGJILU

龙纹瓦当

时代：近现代

材质：琉璃（正绿釉）

出处：古建公司仓库

当径：13厘米

当厚：1.8厘米

瓦宽：13.5厘米

瓦身长：33厘米

WADANGJILU

龙纹瓦当

时代：近现代

材质：琉璃（绿釉）

出处：古建公司仓库

当径：14厘米

当厚：2厘米

瓦宽：14.5厘米

瓦身长：32厘米

WADANGJILU

麒麟纹瓦当

时代：明代
材质：灰陶
出处：泥瓦工
当径：9.5厘米
当厚：1.2厘米
瓦身长：22厘米
瓦身宽：11厘米

此麒麟纹瓦当，当径9.5厘米，当面与边轮持平，纹饰以浮雕形式表现。纹饰外围的一周凸弦纹使得纹饰主体更加突出。麒麟是中国古代神话传说中的神兽，性情温和，不伤人畜，不践踏花草，称为仁兽。麒麟首似龙，形如马，状如鹿，尾若牛尾。麒存独角，麟无角，口能吐火，声音如雷。此瓦当纹饰为麒，独角、龙首、前腿直立，后腿微躬，尾上翘。麒回首直视，腹部呈鱼鳞状，背上长毛向后飘。配饰为山丘层次重叠，清晰可辨，其他漫漶不清，不可辨识。当面纹饰体现出明代风格，结合形制、制作工艺综合判断为明代产物。

WADANGJILU

上弧三角形兽面纹瓦当

时代：宋代
材质：灰陶
出处：藏友
当径：16厘米
中高：12.5厘米

WADANGJILU

马纹瓦当

时代：明代
材质：灰陶
出处：藏友
当径：12厘米
当厚：1.4厘米
瓦宽：13厘米
瓦身长：28.7厘米

WADANGJILU

三角形狮纹瓦当

时代：近现代　　材质：灰陶
出处：泥瓦匠
当径：13.5厘米
当高：10厘米
当厚：1.2厘米
瓦身长：15—16厘米

上弧三角形兽面纹瓦当

时代：宋代
材质：灰陶
出处：藏友
当径：17厘米
中高：10.5厘米

三角形兽面纹瓦当，虽残，但主题纹饰完整、清晰，凸弦纹内兽面的耳、鼻、眼、鬃、须俱全，特别之处是除用短线饰鬃、须外，嘴下胡须以叶状“个”字形装饰，其纹饰特征与辽代接近。就目前考古发现实证：三角形瓦当最早出现于宋、元时期，如河北磁县观台窑址出土的“莲花纹”；内蒙古赤峰敖汉旗出土的“兽面纹”瓦当范证明至少在宋、辽、金、元时期的北方地区，已有三角形瓦当在使用，但还未在建筑模型、壁画、绘画等方面见到此种建筑构件。

WADANGJILU

犀牛云月纹瓦当

时代：宋代
材质：灰陶
出处：城南南神庙
当径：15厘米
当厚：1.5厘米
瓦宽：16厘米
瓦身长：31厘米

此瓦当得于城南南神庙，当面纹饰之犀牛丰满而健壮，生动传神，星、云、月皆俱。犀牛卧于当心，却不望月，双目注视着旋转之星斗。古代巧匠们给今人设了个谜，令人费解，也给今人留了一个无限的遐想空间。

WADANGJILU

犀牛望月纹瓦当

时代：元、明　　材质：灰陶
出处：南湖村、福禅寺
当径：13.5厘米
当厚：1厘米
瓦宽：14厘米
瓦身长：24厘米

WADANGJILU

犀牛望月纹瓦当

时代：元、明　　材质：灰陶
出处：古建公司仓库
当径：11.5厘米
当厚：0.8厘米
瓦宽：13.3厘米
瓦身长：29.8厘米

WADANGJILU

犀牛望月纹瓦当

时代：明代　　材质：灰陶
出处：古建公司仓库
当径：11厘米
当厚：1厘米
瓦宽：12.8厘米
瓦身长：31.3厘米

WADANGJILU

犀牛望月纹瓦当

时代：明代　　材质：灰陶
出处：泥瓦匠
当径：11厘米
当厚：1厘米
瓦宽：11.7厘米
瓦身长：25.2厘米

WADANGJILU

犀牛望月纹瓦当

时代：明代　　材质：灰陶
出处：古建公司仓库
当径：12厘米
当厚：1.3厘米
瓦宽：14.3厘米
瓦身长：32厘米

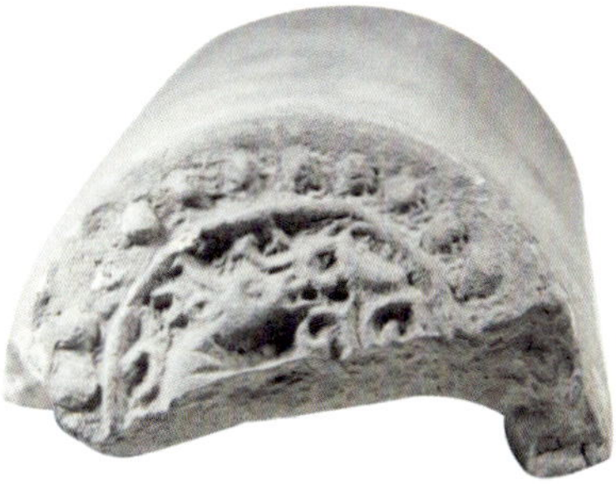

WADANGJILU

犀牛望月纹瓦当

时代：明代　　材质：灰陶
出处：古庙遗址
当径：12.5厘米
瓦宽：13.3厘米
瓦身长：28厘米

WADANGJILU

犀牛望月纹瓦当

时代：明代　　材质：灰陶
出处：古民居工地
当径：12厘米
当厚：1.3厘米
瓦宽：12.5厘米
瓦身长：25.5厘米

WADANGJILU

犀牛望月纹瓦当

时代：明代　　材质：灰陶
出处：城关医院旧址
当径：11.5厘米
当厚：1.4厘米
瓦宽：12.8厘米
瓦身长：27厘米

WADANGJILU

犀牛望月纹瓦当

时代：明代　　材质：灰陶
出处：东卜宜村先师庙
当径：11厘米
当厚：1.5厘米
瓦宽：13.5厘米
瓦身长：29.3厘米

WADANGJILU

犀牛望月纹瓦当

时代：明代　　材质：灰陶
出处：古建公司仓库
当径：11.5厘米
当厚：0.8厘米
瓦宽：13.3厘米
瓦身长：29.8厘米

WADANGJILU

犀牛望月纹瓦当

时代：明代
材质：灰陶
出处：南湖村福禅寺
当径：12.5厘米
当厚：1.2厘米
瓦身长：27.5厘米

此瓦当为圆形，朵边如意头，廓宽2.5厘米，与当面持平，凸弦纹一周将当面与廓分开，形成边轮。纹饰以浮雕的形式刻画，此种形制再结合瓦身尺寸、制作工艺综合分析，有清代早期特征，也有明代风格，制作应在明、清之间。纹饰中犀牛形态栩栩如生，眼大而有神，嘴微张，作惊叹状，回首而望月，两前腿微躬，当面后腿略残，尾巴向下横扫，自然而洒脱，生动有趣。纹饰上部，一轮弯月显现于“松”、“云”之间，清晰而秀美，松、云线条繁复柔美而意境深远。与主题纹饰犀牛简洁生动的风格形成鲜明的对比。民间有语云：“犀牛镇家灵，望月回天庭，虔诚月儿圆，财神来光临。”犀牛的谐音“喜牛”，是大吉大利、喜从天降的吉祥之物。犀牛望月纹饰盛行于明、清两代，一般装饰于建筑构件、家具上，“犀牛望月纹”是山西腹地晋中一带特有的典范之作。

WADANGJILU

犀牛望月纹瓦当

时代：明代　　材质：灰陶
出处：泥瓦匠
当径：11厘米
当厚：1厘米
瓦宽：12.5米
瓦身长：25.7厘米

WADANGJILU

犀牛望月纹瓦当

时代：明代
材质：灰陶
出处：古庙遗址
当径：12.5厘米
瓦宽：13.3厘米
瓦身长：28厘米

WADANGJILU

犀牛望月纹瓦当

时代：明代　　材质：灰陶
出处：古庙遗址
当径：12厘米
当厚：1.2厘米
瓦宽：12.8厘米
瓦身长：28.5厘米

WADANGJILU

犀牛望月纹瓦当

时代：明代　　材质：灰陶
出处：古民居工地
当径：10.5厘米
当厚：1.2厘米
瓦宽：12.1厘米
瓦身长：24.5厘米

WADANGJILU

犀牛望月纹瓦当

时代：明代　　材质：灰陶
出处：梁官村南庙
当径：11.5厘米
当厚：1.3厘米
瓦宽：13.8厘米
瓦身长：29.5厘米

WADANGJILU

犀牛望月纹瓦当

时代：清代　　材质：灰陶
出处：泥瓦匠
当径：11厘米
当厚：1.1厘米
瓦宽：12.5米
瓦身长：24.5厘米

WADANGJILU

犀牛望月纹瓦当

时代：清代　　材质：灰陶
出处：泥瓦匠
当径：11厘米
当厚：1厘米
瓦宽：12.3厘米
瓦身长：25厘米

WADANGJILU

犀牛望月纹瓦当

时代：清代
材质：灰陶
出处：城关医院旧址
当径：11厘米
当厚：1厘米
瓦身长：24.5厘米

瓦当下半部分为朵边如意头，当心主题纹饰凸起高于边轮，凸弦纹将瓦当纹饰与边轮分开，两条凸起的短线将当面下端正中如意头与凸起弦纹连接构成斧钺装，中间又饰一突起小圆点，其意无人能解。纹饰当中犀牛四蹄飞腾，踏于云山湖海中，蓦然回望夔门秋月，将主题之意展露无遗，新月与云相伴，犀牛凤眼回望，让人进入天马行空的无限遐想当中。纹饰整体丰满，安排得当，浮雕以高低、大小之别突出了主题，当面直径11厘米，制作于清代。

WADANGJILU

龙纹滴水

时代：唐代　　材质：灰陶
出处：古建公司仓库
当径：28厘米
中高：9.5厘米
当厚：1.5厘米
瓦宽：22厘米
瓦厚：3厘米
瓦身长：31厘米

此龙纹滴水，径宽28厘米，中高9.5厘米，边轮凸弦纹一周，附加了一条阴刻的线，使得凸弦纹分离了边轮，独立于当面，这在唐、宋瓦当中少见。当内用高浮雕的手法刻画出了一条侧飞的昂首之龙，龙首有唐代典型特征的凤眼，有角不分岔，颚下须束向后飘，龙嘴吞吐着一个带着燃焰的火球，躯干、腿粗壮，鳞甲用短弧线表现，龙尾蛇状，摆动于身后，与龙爪隐于云端，呈腾飞状，矫健有力，欲飞往九霄云外，有气吞山河之势。滴水胎质、形制、尺寸、纹饰均符合唐代特征。

WADANGJILU

龙纹滴水

时代：唐代
材质：灰陶
出处：藏友
当径：17.5厘米
中高：8.5厘米

此龙纹滴水，唐代所制，朵边月形，凸弦纹两圈沿朵边勾勒出当面，与边轮形成三条粗细不一的凸弦纹，别具一格。主题纹饰“龙”，侧身作兽状，身体粗壮，兽形腿，三趾鹰爪，龙首无角，鬐向后飘，龙甲依稀可辨，龙脊贯穿全身，所有特征均符合唐代早期特征。

WADANGJILU

龙纹滴水

时代：唐代
材质：灰陶
出处：藏友
当径：16厘米
中高：7.5厘米

WADANGJILU

龙纹滴水

时代：宋、元　　材质：灰陶
出处：古建公司仓库
当径：16.5厘米
中高：8厘米
当厚：1.5厘米
瓦宽：18厘米
瓦身长：28厘米

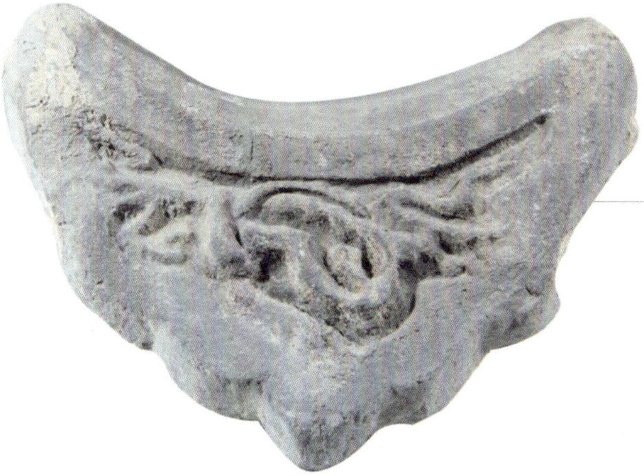

WADANGJILU

龙纹滴水

时代：元、明
材质：灰陶
出处：梁村老爷庙
当径：17厘米
当高：9厘米
当厚：2厘米
瓦宽：16厘米
瓦厚：1.8厘米
瓦身长：26厘米

此龙纹滴水，朵边新月形，当径宽17厘米，中高9厘米，当面边轮较宽，无凸弦纹、连珠纹，纹饰陷于宽廓内，而龙纹饰以高浮雕手法表现于当面，龙身无任何形式表现的鳞甲，缠绕蜿蜒于廓内，龙首隐去，龙尾似蛇尾延伸于滴水右端，龙腿强壮有力，凸于当面爪，为三趾。令人费解之处是：显现龙尾，隐去龙首，又突显龙腿，这在龙纹瓦当中极其鲜见，此滴水与梁村老爷庙龙纹瓦当相配，同为元、明时代之物。

WADANGJILU

龙纹滴水

时代：元、明

材质：琉璃（孔雀蓝釉）

出处：藏友

当径：15厘米

中高：8厘米

当厚：1.3厘米

此龙纹滴水，颇显粗犷雄迈，或许是由于主题纹饰的延续与演化。土砂陶胎质，施以孔雀蓝釉。孔雀蓝釉创烧于元代山西南部阳城一带，但烧制技术尚不成熟，明初传入山西腹地汾州、介休、平遥，而且技术日趋成熟精湛。因着色剂是一种叫孔雀石的碳酸铜，烧制的琉璃釉色色彩艳丽，故取名孔雀蓝。此滴水从釉色的烧制技术看，应为元、明之间产物。

WADANGJILU

龙纹滴水

时代：元代　　材质：灰陶

出处：古建公司仓库

当径：29厘米

中高：11.5厘米

当厚：1.1厘米

瓦身长：35厘米

瓦身厚：2.5厘米

WADANGJILU

龙纹滴水

时代：元、明
材质：琉璃（孔雀蓝釉）
出处：古庙遗址
当径：16.5厘米
中高：9.5厘米
当厚：1.4厘米
瓦厚：1厘米
瓦身长：28厘米

WADANGJILU

龙纹滴水

时代：元、明
材质：琉璃（正绿）
出处：古庙遗址
当径：15厘米
中高：7厘米
当厚：7厘米
瓦宽：16.5厘米
瓦身长：24.5厘米

WADANGJILU

龙纹滴水

时代：明代
材质：琉璃（绿釉）
出处：东堡村观音殿
当径：14厘米
中高：8厘米
当厚：1.2厘米

WADANGJILU

龙纹滴水

时代：明代
材质：琉璃（蓝绿釉）
出处：古建公司仓库
当径：17.5厘米
中高：8.5厘米
当厚：1厘米
瓦厚：1.5厘米
瓦身长：30厘米

WADANGJILU

龙纹滴水

时代：明代
材质：琉璃（黄绿釉）
出处：娃留村广惠寺
当径：15厘米
中高：7厘米
当厚：0.8厘米
瓦厚：1.5厘米

此龙纹滴水得于明代正德年间的娃留村广惠寺，建筑遗存。滴水黄绿釉大部分脱落，当面略有隐现，唯瓦身、背、腹的釉色清晰可见，胎质是红褐陶，具有平遥杜村窑制作特征。纹饰的细部刻画已漫漶不清，只有处于纹饰低处的龙脊显现，整体纹饰以当面为界，凸弦纹、龙身逐层凸现，形成朵边月形，是这一时期的主要形制。

WADANGJILU

龙纹滴水

时代：明代
材质：琉璃（正绿釉 红褐陶）
出处：古建公司仓库
当径：15厘米
中高：7厘米
瓦宽：15.5厘米
瓦身长：25.3厘米

WADANGJILU

龙纹滴水

时代：明代
材质：琉璃（孔雀蓝釉）
出处：古建公司仓库
当径：18厘米
中高：9.5厘米
当厚：1厘米
瓦厚：1.7厘米
瓦宽：18.5厘米
瓦身长：29.5厘米

龙纹孔雀蓝釉琉璃滴水，朵边月牙形，釉色鲜艳光亮，当径宽18厘米，中高9.5厘米，得于古建公司仓库。当面无弦纹勾勒，纹饰以浮雕形式表现，龙首侧向居中，张口吞云吐雾，腿趾粗壮有力，角、髯、须、鼻俱现，龙身随形翻转蜿蜒，作张牙舞爪状，龙爪似鹰爪形，强劲夸张，龙尾隐于右上角被卷云吞噬，龙纹饰雄浑大气，大有气吞山河之势，是明代孔雀蓝釉的典范之作。

WADANGJILU

龙纹滴水

时代：明代
材质：琉璃（黄绿釉）
出处：东堡村观音殿
当径：14厘米
中高：8厘米
当厚：1.3厘米
瓦身长：22.5厘米

黄绿釉龙纹滴水，绿釉晶莹光亮，釉色柔和艳美。边轮粗宽，当面深凹于外廓，龙纹饰以浮雕的手法表现与廓基本持平，祥云纹点饰其间。龙首居中，角、眼、须、髯、鼻、齿清晰生动，龙爪成轮形，为明代典型特征。龙身翻转蜿蜒，舞爪却不张牙，有雄视千古之气势，从纹饰和施釉看应为明代制作。

WADANGJILU

龙纹滴水

时代：清代
材质：琉璃（孔雀蓝釉）
出处：古庙遗址
当径：14.5厘米
中高：7.3厘米
当厚：1厘米
瓦厚：1.5厘米
瓦身长：23.5厘米

WADANGJILU

龙纹滴水

时代：清代
材质：琉璃（孔雀蓝釉 夹砂陶）
出处：藏友
当径：14.5厘米
中高：8.5厘米
瓦宽：15.5厘米
瓦身长：28厘米

WADANGJILU

龙纹滴水

时代：清代
材质：琉璃（黄釉）
出处：曹村关帝庙
当径：14.5厘米
中高：8.2厘米

WADANGJILU

凤凰纹滴水

时代：辽、金

材质：灰陶

出处：康旭砖瓦厂

当径：15厘米

中高：8.5厘米

当厚：1.5厘米

瓦厚：2厘米

瓦宽：18厘米

瓦身长：28.5厘米

此滴水，朵边月形，得于郝洞村康旭砖瓦厂，凤回首，展翅而转身，羽尾上翘。凤纹隽美灵动，而不失雄浑大气，与汉文化之凤纹饰迥然不同，游牧民族的那种粗犷、豪放之气彰显无遗。

WADANGJILU

凤凰纹滴水

时代：元、明
材质：琉璃（黄绿釉）
出处：古建公司仓库
当径：18.5厘米
中高：9.5厘米
当厚：1.5厘米
瓦厚：2.7厘米
瓦宽：20厘米
瓦身长：28.3厘米

此滴水，黄绿釉，如意头朵边如“定”字形，当径18.5厘米，中高9.5厘米，得于古建公司仓库。黄绿釉多见于元代，至明代孔雀蓝釉已趋臻熟并在全国大部分地区盛行。纹饰是“云凤”，凤在云中飞，形式感强，洋溢着勃勃生机，最能体现凤鸣隽雅、秀美的凤尾、双翅部位，上下飞舞，具有一种和谐的节奏感和韵律美。凤首、凤身在明、清两代各有特色，滴水有辽、金之凤，翅、尾符合明代特征。凤纹滴水使用较少，凤纹滴水施釉者一般只有皇家宫殿出现。

WADANGJILU

凤凰纹滴水

时代：明代

材质：灰陶

出处：泥瓦匠

当径：16厘米

当高：7厘米

当厚：0.8厘米

凤凰纹是传统吉祥的纹样。凤凰是群鸟之长，是羽虫中最美者，在古代被尊为鸟中之王，是祥瑞的象征。此凤凰纹滴水，朵边月牙形，一条阴刻的弦纹，使当面与边轮之间的凸弦纹更加生动凸显，主题凤纹饰以高浮雕的手法表现，纹饰为“云凤”，正所谓凤在云中飞。其凤尾如飘带，笔法流畅，装饰感强。锦鸡首，长颈、鳞纹，如大鹏展翅，隽雅秀美，符合明代凤纹特征。《大雅》：“凤皇鸣矣，于彼高冈；梧桐生矣，于彼朝阳。”所以“凤鸣朝阳”常被喻为高才逢时。这样的好彩头，自然也就成了平遥民间制作滴水所热衷的纹饰。

WADANGJILU

风凰纹滴水

时代：明代　　材质：灰陶

出处：藏友

当径：16厘米

中高：7厘米

当厚：0.8厘米

WADANGJILU

风凰纹滴水

时代：明代　　材质：灰陶

出处：泥瓦匠

当径：16厘米

中高：7厘米

当厚：0.8厘米

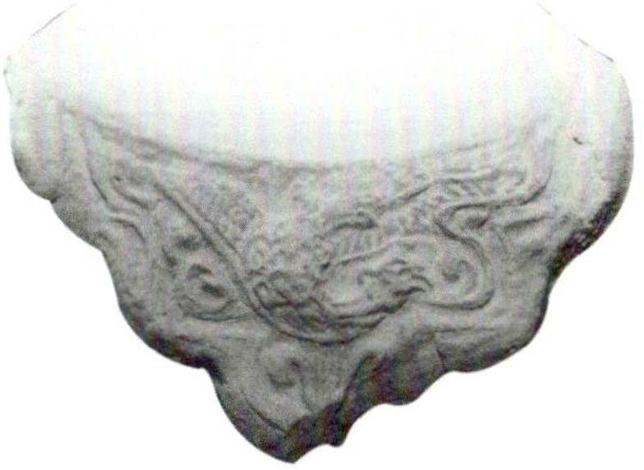

WADANGJILU

风凰纹滴水

时代：清代　　材质：灰陶

出处：古建公司仓库

当径：14厘米

中高：7厘米

瓦宽：14厘米

WADANGJILU

凤凰纹滴水

时代：清代　　材质：琉璃（绿釉）
出处：古建公司仓库
当径：14厘米
中高：8.5厘米
瓦宽：15.2厘米

WADANGJILU

凤凰纹滴水

时代：清代　　材质：琉璃（黄褐色釉）
出处：古建工地
当径：13.5厘米
瓦宽：9厘米
当厚：1.2厘米
瓦厚：1.7厘米
瓦身长：23厘米

WADANGJILU

松鹤纹滴水

时代：元代　　材质：灰陶
出处：城南南神庙
当径：17.5厘米
中高：8厘米
当厚：1.1厘米
瓦厚：1.7厘米

WADANGJILU

松鹤纹滴水

时代：元、明　　材质：灰陶
出处：城关医院旧址
当径：18.5厘米
中高：8.3厘米
当厚：1.5厘米
瓦身长：27.5厘米

此滴水形制接近宋、元时代，宽18.5厘米，中高8.3厘米为朵边扁平月形。纹饰较为罕见，是“松”和“鹤”。松以两枚松果为主题表现于纹饰之中，鹤展翅飞与松果丛中，松之枝叶点缀其间。纹饰与形制及制作工艺经综合分析应为元、明时期的建筑构件。“松”原初的象征意义为道教所接受，成为道教神话中长生不死的重要原型，被赋予高洁不群的形象。鹤也被道教引入神话世界，被视为出世之物，是高洁、清雅的象征，成为名士高清远志的象征物，两个仙物合在一起，即是称其人如松鹤般高洁、长寿。唐代诗人有云：“雨湿松阴凉，风落松花细，独鹤爱清幽，飞来不飞去。”

松鹤纹滴水

时代：元代
材质：灰陶
出处：城南南神庙
当径：17.5厘米
当高：9厘米
当厚：1.2厘米

此松鹤纹滴水，纹饰简洁显生动，松果卵圆形呈球状。松被称为“百木之长”，寿过千年的松树所流松脂会变成茯苓，可得长生。鹤又为“百羽之宗”，是精气化身，《豹崔古今注》中载：“鹤千年则变成苍，又二千岁变黑，所谓玄鹤也。”再结合滴水的出处综合分析，应为元代之物。

WADANGJILU

鹿纹滴水

时代：唐代
材质：灰陶
出处：藏友
当径：14厘米
中高：6.5厘米
当厚：2.2厘米
瓦宽：16.5厘米
瓦身长：22.5厘米

战国以后，鹿纹瓦当罕有出现，此滴水纹饰左上角饰一个太阳，主体纹饰是一只奔跑之鹿，而且是蓦然回首状，特别是夸张的四肢和奔跑的姿态有很强的艺术感，在汉画像砖上经常可以看到这种奔鹿的形象。鹿颈部、腿部瘦长，展示出善跳、适跑的形态，躯体上出现的梅花斑点，生动、自然，饶有生气。此滴水汉风很浓，唐代流行的纹饰已呈世俗化、玩赏化、多样化、写实化的新风貌。《论语》言："人有命有禄，命者富贵贫贱也，禄者，盛衰，兴替也。"因为"禄"与"鹿"谐音，凡是与爵鹿有关的图案，都以"鹿"为装饰题材，唐代起鹿纹饰的应用很多，但奔鹿造型不多见。此滴水，虽有汉风，且岁月痕迹较重，但滴水出现于唐代前后，是为上线，据此，结合形制，判断此滴水不会早于唐代。

WADANGJILU

马纹滴水

时代：唐、宋
材质：灰陶
出处：藏友
当径：15厘米
中高：7厘米
当厚：2厘米
瓦身长：26厘米

马纹滴水，朵边月形，有汉风，应该制作于宋代前后，当面凸弦纹取代了滴水边轮，滴水之两端饰以卷云纹，且云纹相异，滴水下部饰以滔滔海水。主题马纹饰雄浑圆劲，清华超逸，“马”乘风破浪，却蓦然回首，腾云而奔于海水之上。《拾遗记》中周穆王八骏之七，名唤“腾雾”，其状“乘云而奔”。岂不是工匠“读文而描图”？难怪能将“云马”刻画出那种开张的气势、奇逸的意态，确如“天岸马，人中龙”。

WADANGJILU

马纹滴水

时代：宋、辽　　材质：灰陶
出处：古庙遗址
当径：15.5厘米
中高：6厘米
当厚：1厘米
瓦身宽：16厘米
瓦身长：26厘米

WADANGJILU

马纹滴水

时代：明代　　材质：灰陶
出处：古庙遗址
当径：16厘米
中高：6.3厘米
当厚：1厘米
瓦宽：19.8厘米
瓦身长：29厘米

WADANGJILU

马纹滴水

时代：元、明　　材质：灰陶
出处：城南南神庙
当径：16厘米
中高：7.3厘米
当厚：1.2厘米
瓦宽：19.5厘米
瓦身长：31厘米

WADANGJILU

马纹滴水

时代：元、明　　材质：灰陶
出处：西郭村关帝庙
当径：14.5厘米
中高：6.7厘米
当厚：1.3厘米
瓦厚：2.6厘米
瓦宽：18.5厘米
瓦身长：28.5厘米

WADANGJILU

马纹滴水

时代：元、明　　材质：灰陶
出处：古建公司仓库
当径：17厘米
中高：8.5厘米
当厚：1.5厘米
瓦厚：2.3厘米
瓦宽：19.3厘米
瓦身长：33.5厘米

WADANGJILU

马纹滴水

时代：元、明
材质：灰陶
出处：泥瓦匠
当径：15厘米
中高：8厘米
当厚：1.5厘米
瓦宽：16厘米
瓦身长：24.8厘米

此滴水形如“定”状，纹饰以高浮雕手法表现。“马”似瘦、老、身躯却显魁梧，马首，写实细微，马肌突兀，马尾上扬，四蹄奋张，却无奔腾之气势，犹如马致远笔下的“西风瘦马”，别有一份情怀。

WADANGJILU

马纹滴水

时代：元、明　　材质：琉璃（正绿釉）
出处：襄垣村慈胜寺
当径：16.5厘米
中高：7厘米
当厚：1.5厘米
瓦宽：19.5厘米
瓦厚：2厘米
瓦身长：29.5厘米

WADANGJILU

马纹滴水

时代：元、明
材质：琉璃（绿釉）
出处：古建公司仓库
当径：17厘米
当高：7.5厘米
当厚：15厘米
瓦宽：18.5厘米
瓦厚：20厘米

此翼马纹滴水，月牙形朵边如意头。黄绿釉琉璃滴水，当宽17厘米，中高7.5厘米，凸弦纹将当面分为内饰与外廓两部分。纹饰主题为浮雕的马和流行于汉、唐的卷云纹。卷云纹布满当面留白，马肋生翅，为翼马，又叫飞马，称为瑞兽。周穆王八骏《拾遗记》"……八名，扶翼，身有翅。"《山海经·北次三经》赋："马成之山……有兽焉，其状如犬，而黑头，见人则飞，其名天马。"可见翼马自古为神兽，翼马纹饰披鬃，嗔目，口微张，背壮，体圆，尾因势而后扬，马腿健壮，四蹄飞奔，马翼舒展而和谐，神奇而浪漫，且轮廓爽朗，棱面分明。飞马踏云追月，那种独来独往的自由，给我们带来了多少思绪，让我们遐想无限，正所谓，一马惊天。此滴水为元、明制作。

WADANGJILU

马纹滴水

时代：明代

材质：灰陶

出处：泥瓦匠

当径：16.5厘米

中高：7.5厘米

当厚：2.5厘米

瓦宽：19厘米

瓦身长：29厘米

WADANGJILU

马纹滴水

时代：明代　　材质：灰陶

出处：古庙遗址

当径：16.5厘米

中高：7厘米

当厚：1.5厘米

瓦宽：18.5厘米

瓦厚：2厘米

瓦身长：29.5厘米

WADANGJILU

马纹滴水

时代：明代　　材质：灰陶

出处：城南南神庙

当径：17.5厘米

中高：8.3厘米

当厚：1.4厘米

瓦厚：2厘米

瓦宽：18厘米

瓦身长：31厘米

WADANGJILU

马纹滴水

时代：明代　　材质：灰陶

出处：古庙遗址

当径：17.5厘米

中高：8厘米

当厚：1.4厘米

瓦厚：2.5厘米

瓦宽：20厘米

瓦身长：31厘米

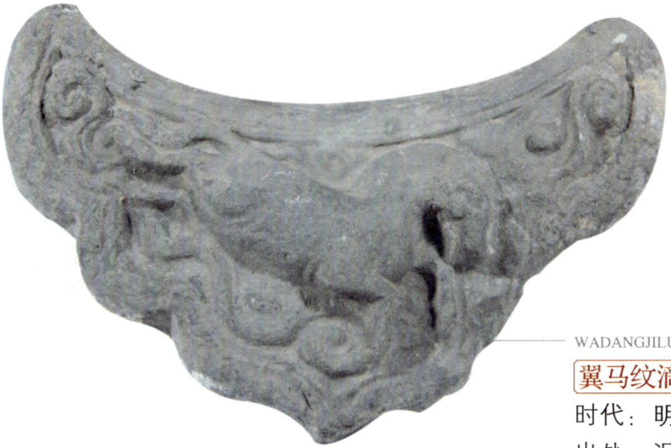

WADANGJILU

翼马纹滴水

时代：明代　　材质：灰陶
出处：泥瓦匠
当径：15.5厘米
中高：8.5厘米
当厚：1厘米
瓦身宽：18厘米
瓦身长：26.5厘米

滴水微残，朵边月形，弦纹沿朵边阴刻，使得当面与边轮之间产生了一条平行与边轮的凸弦纹，纹饰为“云马纹”。有别于其他“云马纹”的是：马，呈俯冲之势，由云端而下，虽未佩鞍座，但马鬃修剪划一，四蹄如风，叱云啸月，睛曝口嘶，仿佛从天而降，犹如昭陵六骏之“青骓”，由不得唐太宗赞其：“足轻电影，神发天机，策兹飞练，定我戎衣。”

WADANGJILU

马纹滴水

时代：明代　　材质：灰陶
出处：泥瓦匠
当径：17.3厘米
中高：8厘米
当厚：1.3厘米
瓦宽：18.5厘米
瓦厚：2厘米
瓦身长：28.3厘米

WADANGJILU

马纹滴水

时代：明代　　材质：灰陶
出处：泥瓦匠
当径：15厘米
中高：6.8厘米
当厚：1.3厘米
瓦宽：18厘米
瓦厚：1.7厘米
瓦身长：28厘米

WADANGJILU

马纹滴水

时代：明代　　材质：灰陶
出处：藏友
当径：16.8厘米
中高：7.5厘米
当厚：1厘米
瓦厚：1.8厘米
瓦宽：17.8厘米

WADANGJILU

马纹滴水

时代：明代　　材质：灰陶
出处：古建公司仓库
当径：17厘米
中高：7.5厘米
当厚：1.5厘米
瓦厚：2.4厘米
瓦宽：19厘米
瓦身长：29厘米

WADANGJILU

马纹滴水

时代：明代　　材质：灰陶
出处：西郭村关帝庙
当径：17厘米
中高：7.5厘米
当厚：1.2厘米
瓦宽：20.5厘米
瓦厚：2.5厘米
瓦身长：31.5厘米

WADANGJILU

翼马纹滴水

时代：明代　　材质：灰陶
出处：古城民居
当径：13.3厘米
中高：7厘米
当厚：1.1厘米
瓦宽：15厘米
瓦身长：25厘米

此滴水为翼马纹，纹饰在平遥古城的马纹滴水中较为多见，但此马纹滴水工匠刻画得生动传神，虽简洁写意，但局部又刻画细微。其势，超迈遒劲，凛凛有生气；其意，奋勇向前，锐意进取。

WADANGJILU

翼马纹滴水

时代：清代　　材质：灰陶

出处：古城民居

当径：14厘米

中高：6.5厘米

瓦宽：15.5厘米

瓦厚：1.7厘米

瓦身长：24厘米

当面横宽14厘米，中高6.5厘米，朵边如意头，形如月牙。弦纹粗实，随朵边弯曲回绕，配饰与主题均以浮雕手法表现，奔马浑圆饱满，灵动、形象，马嘴微张，两耳分明，鬃鬣分毫可数，奋体扬尾，飞驰于广袤的草原，颈间飘带随疾驰而向后飘，犹如脱缰之马。配饰卷云纹用双构表现，布满当面留白之处，纹饰整体雄浑圆劲，清华超逸，此翼马纹滴水为清代所制。

WADANGJILU

马纹滴水

时代：清代
材质：灰陶
出处：藏友
当径：14厘米
中高：7.3厘米
瓦宽：16厘米
瓦身长：24厘米

WADANGJILU

马纹滴水

时代：清代　　材质：灰陶
出处：泥瓦匠
当径：13.5厘米
中高：7厘米
当厚：0.8厘米
瓦厚：2厘米
瓦宽：14.5厘米
瓦身长：23厘米

WADANGJILU

牛纹滴水

时代：清代　　材质：灰陶
出处：古建工地
当径：17.5厘米
中高：8厘米
当厚：2.7厘米
瓦宽：18.7厘米
瓦厚：2.1厘米
瓦身长：29厘米

"日、月"牛纹滴水

时代：明代　　材质：灰陶
出处：郝洞村砖瓦厂仓库
当径：15厘米
中高：6.5厘米
瓦厚：2厘米
瓦身长：26厘米

滴水中，阳光下为"日"，月光下为"月"，两者合二为"明"。建筑构建中的日月纹饰，不会出现于清代，清朝统治者是不会允许将合二为一的"明"，冠冕堂皇地用到瓦当之上的，且形制又符合明代，故此滴水必为明代制作。纹饰主题是一头生动的回首之耕牛，耳、眼、鼻、角，刻画无不形象细致，其曲卧回首的姿态，可爱灵动，充分体现了工匠的艺术智慧。在中国古代的农耕生活中，耕牛的地位是第一生产资源，是生产力发展的重要标志。可以说农业文明基本上就是建立在牛背上的，在耕牛使用的时期，老牛在家中的地位基本上和其他家庭成员等同，"务农不养牛，耕种要发愁"。结合日月纹饰，也许还有一种对耕牛"日复一日、月复一月"在农田里辛勤劳作的赞美。也唯有在这种农耕文化的社会中，才会将牛的纹饰描绘于屋堂、殿舍之上。

WADANGJILU

麒麟纹滴水

时代：明代　　材质：灰陶
出处：古建公司仓库
当径：15.5厘米
中高：7.5厘米
当厚：1.2厘米
瓦宽：17.5厘米
瓦厚：1.8厘米
瓦身长：28厘米

麒麟纹滴水，主题纹饰是浮雕的麒麟，配饰无他，唯旺火盆。滴水形制，朵边如意头月牙形，结构左右对称，纹饰简洁而灵动，极具明代风格。纹饰左右局部有差异。许慎《说文解字》：“麒，仁兽也，麋身，牛尾，一角；麟，牝麒也。”何法《微祥记》：“麒麟者，牡曰麒，牝曰麟。麒存独角，麟无角，口能吐火，声音如雷。”此滴水纹饰，跪躬回首状，麋身鳞甲用短线网纹刻画，唯龙首、牛尾的刻画有所不同。此非工匠疏忽，而是故意为之，其用意是表明牡牝雌雄。故此滴水应称为“盆火麒麟纹滴水”。

麒麟纹滴水

时代：明代
材质：灰陶
出处：古建公司仓库
当径：14厘米
中高：7厘米
瓦宽：16.3厘米
瓦身长：25.5厘米

WADANGJILU

麒麟纹滴水

时代：明代　　材质：灰陶
出处：古建公司仓库
当径：18厘米
中高：8.5厘米
瓦宽：18.5厘米
瓦厚：2厘米
瓦身长：28厘米

WADANGJILU

麒麟纹滴水

时代：清代
材质：灰陶
出处：泥瓦匠
当径：17厘米
中高：10.5厘米
瓦宽：16.5厘米
瓦身长：25.3厘米

WADANGJILU

麒麟纹滴水

时代：清代
材质：灰陶
出处：古城民居
当径：15.5厘米
中高：9厘米
瓦宽：15.5厘米
瓦身长：24.5厘米

WADANGJILU

麒麟纹滴水

时代：清代　　材质：灰陶
出处：泥瓦匠
当径：15.5厘米
中高：7厘米
当厚：1.2厘米
瓦宽：16厘米
瓦身长：24厘米

滴水朵边如意头，双弦纹沿朵边一周，按“麒存独角，麟无角，口能吐火，声音如雷”，此滴水纹饰为“麟”。平遥麒麟纹滴水中，单麒或麟者稀见。

WADANGJILU

狮球纹滴水

时代：唐、宋
材质：灰陶
出处：古玩商
当径：17.5厘米
中高：6厘米
瓦厚：1.2厘米

《汉书·礼乐志》汉代民间流行“狮舞”，两人合扮一狮，一人持彩球翻腾跳跃。狮子滚绣球图案来源于此，寓意祛灾祈福。此滴水主题纹饰为唐、宋时期非常流行的祥瑞纹饰“狮球纹”。月状形制趋于扁平，灵动、简洁，且除狮与球外还配饰有卷云纹，狮尾似马尾，以线条刻画，粗壮扁平而向后上扬，后腿蹦，向前俯冲，绣球与头部弱化，两耳夸张，两鼻尚能辨识。综合辨析，应为唐、宋之间制作。

WADANGJILU

狮球纹滴水

时代：宋代
材质：灰陶
出处：古玩商
当径：19.5厘米
中高：9厘米
瓦厚：1.8厘米
瓦身厚：2.5厘米

狮子，西汉时自西域传入，被视为祥瑞之兽。相传狮为百兽之王，是权力和威严的象征。狮球纹在唐、宋时期很是流行。《坤舆图》说：狮“为百兽之王，诸兽见皆匿影，性最傲，遇者亟俯伏，虽饿，亦不噬……又最有情，受人德必报……掷以球，则腾跳不息。”入宋以后盛行狮子与绣球的配合纹饰，习称“狮球纹”。此狮球纹滴水，出于河南宋城遗址，滴水朵边如意月牙形，边轮较宽，且高于当面，主题纹饰狮与球以高浮雕的手法表现。纹样浮雕层次迭加，俊美生动，叶状耳、狮鼻、眼珠小而突圆，须鬃清晰可数，口衔丝带，前腿奔扑，狮首回转至当正前面。狮身浑圆雄壮，绣球穿结于丝带，置于狮腹，巧妙而合理地布置于当面。在古代汉语中，“狮”是“嗣”的谐音，故有子嗣兴旺之寓意，彩带表示好事不断，绣球上的线纹又有富贵之意，寓意祛灾祈福。狮子为百兽之王，可威服百兽，又有镇宅避邪之功用。所以宋代常常将狮球纹用于瓷器、玉器及建筑构件中。

WADANGJILU

狮球纹滴水

时代：明代
材质：灰陶
出处：东良鹤村古庙遗址
当径：16厘米
中高：8.5厘米
瓦厚：1.4厘米
瓦宽：17.5厘米
瓦厚：1.8厘米
瓦身长：30.5厘米

滴水纹饰为“狮”，得于古庙遗址。在传统纹饰中“狮不戏球”较为少见，故诸多藏友疑为“朝天吼”。朝天吼本名“犼”，又称“望天吼”，或者叫“蹬龙”，龙生九子是其一，“华表”之顶莲花座上即“犼”，亦名“蹬龙”。观音菩萨、地藏王菩萨坐骑便是“朝天犼”。普遍认为“朝天犼”有守望的习惯；头上仰，即对天咆哮，被视为上传天意，下达民情。文献《偃曝馀谈》记载：“犼形如兔，两耳尖长，仅长尺余。狮畏之。”民间艺人们的刀笔之下往往将“狮”与“犼”混为一物，人们也混淆不清，常常视为一物。“朝天犼”必具三点要素：第一，为龙子，其首是龙形；第二，其首常常上仰，即对天咆哮；第三，其“坐”应为莲花。此滴水纹饰“狮”为下山状，狮首平视；“狮尾”是元、明、清时代常见的修饰风格，滴水配饰也是山川、丘壑。据此判断，纹饰是“狮纹”而非“犼”，为明代制作。

WADANGJILU

象纹滴水

时代：唐、宋
材质：灰陶
出处：藏友
当径：17厘米
中高：7厘米
瓦厚：1.3厘米
瓦宽：18.5厘米
瓦厚：2.2厘米
瓦身长：28.3厘米

滴水朵边弯月形，月状形制扁平，与明、清两代的月状形制有所不同，且滴水底端也非明、清时期的如意头。凸弦纹沿朵边曲而一周，将当面与廓一分为二。纹饰极为罕见，内容为：象、葫芦宝瓶、荷花，简单而厚重。象、宝瓶以高浮雕的手法装饰于滴水正中。象鞍突出，上驮葫芦宝瓶，尾巴甩向上，尾毛夸张可数，呈花朵状，象腿粗壮，稳如泰山，体现出了力量。荷花安排在滴水的两端、宝瓶与象之前后，而且大小不一。象、葫芦宝瓶、荷花皆为佛教至圣之物。“白象”为佛陀的化身之一，佛教中的象，代表大力、大行，能担救拔罪苦众生的重担；葫芦宝瓶，传说为观世音的净水瓶，也叫观音瓶，内盛圣水，滴洒能得祥瑞；佛诞生于荷莲之中。普贤菩萨骑乘六牙白象，手拈如意荷花，寓意“愿行广大，功德圆满”。封建统治者把从佛国进贡来的大象，看成祥瑞之兽，将象当作江山稳固、社会安定的标志，又与宝瓶结合，取其谐音“平”。寓意“太平有象”、“太平景象”、“喜象升平”，形容河清海晏，民康物阜。此滴水中荷花、白象、宝瓶这些佛教气息的纹饰内容，与形制、工艺结合应判断为唐、宋寺庙之物。

WADANGJILU

象纹滴水

时代：明代
材质：灰陶
出处：藏友
当径：17厘米
中高：7厘米
当厚：1.3厘米
瓦宽：18.5厘米
瓦厚：2.2厘米
瓦身长：28.3厘米

此象纹滴水，微残，朵边“定”字形，象纹为传统吉祥语纹“吉祥如意”纹。纹饰元素有“缠枝莲”、“如意结”、“吉象”。莲花，称吉祥花，八宝之一，“缠枝纹”寓意生生不息，万代绵长。“钱纹如意结”是北方、晋中地区的民间传统纹饰，平遥人也称：“如意意”、“翻身身”，“结”与“吉”谐音，“吉”代表大吉大利，吉人天相，祥瑞美好。“象”，象征景象，“象”与“相”谐音，象与瓶组合称为“太平有象”、“万象升平”，“象”与“如意”组合成为“吉祥如意”。以上图案均寓意国泰民安、百业兴旺、平安祥和，也体现着人们追求真善美的良好的愿望。此滴水结合制作工艺、造型尺寸、纹饰、风蚀表象，综合分析，至迟也是明代早期之物。

WADANGJILU

双狮纹滴水

时代：清代　　材质：灰陶
出处：泥瓦匠
当径：14.5厘米
中高：7厘米
当厚：0.8厘米
瓦宽：16.5厘米
瓦身长：25.5厘米

最早的花卉纹瓦当是北魏和隋、唐时期的莲花纹瓦当。由于佛教文化的兴起，莲花纹瓦当也成为这两个不同历史时期的主流瓦当纹饰。无论是北魏还是盛唐的莲花纹瓦当均应归属于图案类瓦当，而真正将图案花卉纹演变成写实花卉纹的是重文轻武的宋代，到了明、清两代，这种写实的花卉纹瓦当出现了繁荣和兴盛。

花卉类

HUAHUILEI

WADANGJILU

莲花纹瓦当（残）

时代：北魏
材质：灰陶
出处：古城墙遗址夯土内
当径：14.5厘米
当厚：1.2厘米

此莲花纹瓦当，在古城墙段夯土内发现，刨出后已残，部分有涂黑留存。瓦当胎质坚硬，胎质为灰陶偏红。纹饰是典型的北魏莲花纹，莲花纹饱满，莲瓣窄短，正中凸起一尖棱，整个莲花图案凸起较高，莲蓬用模印的圆形乳突表示。此瓦当除去泥土，仍能隐隐显出涂黑表面。魏晋南北朝时期是佛教的一个发展期，也是莲花纹瓦当开始盛行的时期。瓦当及贴面砖等建筑构建，表面常涂以黑色，这与北魏对黑色的崇尚有关。

WADANGJILU

莲花纹瓦当

时代：北魏
材质：灰陶
出处：藏友
当径：15.3厘米
当厚：2.2厘米

WADANGJILU

莲花纹瓦当

时代：北魏（近代复制）
材质：灰陶
出处：梁官村洪济寺
当径：17.5厘米
当厚：1厘米

WADANGJILU

莲花纹瓦当

时代：北魏
材质：灰陶
出处：藏友
当径：13.2厘米
当厚：1.8厘米

WADANGJILU

莲花纹瓦当

时代：北魏
材质：灰陶
出处：藏友
当径：14.5厘米
当厚：2.1厘米

此莲花纹瓦当得于藏友，制作于北魏时期，瓦当表面涂黑是这一时期的重要特征。北魏时期是中国历史上佛教盛行的时代，自然莲花纹也就成了北魏瓦当的主流纹饰。平遥城正是始建于这一时代，这也是为什么平遥内、外城周边寺庙众多的重要原因。但是平遥北魏至唐代的莲花纹瓦当存世却极为少见。此瓦当，面径14.5厘米，当心呈莲蓬状，中有七个莲子，莲瓣为有棱边复瓣，两个复瓣中间起一尖棱，整个莲花图案突出当面，花瓣由八个复瓣组成，莲花外侧与边轮之间饰一周连珠纹，在莲花与连珠纹之间再饰一条凸弦纹，瓦当边轮较宽，且高于当心，当背脱落处刀刻纹明显，且有多点指按印，裸露处全部涂黑。

WADANGJILU

莲花纹瓦当

时代：唐代

材质：灰陶

出处：三桥藏友

当径：14厘米

当厚：2厘米

WADANGJILU

莲花纹瓦当（残）

时代：唐代

材质：灰陶

出处：三桥藏友

当径：15厘米

当厚：1.5厘米

WADANGJILU

莲花纹瓦当

时代：唐代

材质：灰陶

出处：三桥藏友

当径：12.3厘米

当厚：1.5厘米

WADANGJILU

莲花纹瓦当（残）

时代：唐代
材质：灰陶
出处：清虚观
当厚：1.5厘米

平遥清虚观，始建于唐显庆二年（657年），原名太平观，宋治平元年（1064年）改为清虚观。

此瓦当得于大殿废墟瓦砾堆中，瓦当残缺，仅留有四分之一稍大。隋唐时期的莲花纹瓦当由北魏时期莲花纹瓦当直接继承而来。此瓦当厚1.5厘米，纹饰由莲瓣作水滴形，莲瓣外围有突线随形纹一周，莲瓣间有“T”字形纹相隔。外缘与莲瓣之间装饰有连珠纹和凸弦纹，且为两圈弦纹内夹一圈连珠纹。当心作圆形莲蓬状，即一圈凸弦纹内以圆珠饰莲籽。其特征与瓦当出处相结合，此瓦当为唐代制作无疑。

WADANGJILU

莲花纹瓦当

时代：唐代

材质：灰陶

出处：藏友

当径：13.5厘米

当厚：1厘米

唐代是历史上一个佛教盛行的时代，隋唐时期的莲花纹瓦当由北魏时期莲花纹直接继承而来。以覆莲为构图形式，由外缘、莲瓣和莲蓬当心组成，瓦当外廓一般较宽。有的与当心直径同宽，此莲花纹瓦当，莲瓣外围有突线随形纹一周，花瓣间有“T”字纹相隔。外廓与莲瓣之间装饰有连珠纹和凸弦纹各一周，当心作圆形莲蓬状，即一圈突棱（凸弦纹）内以圆珠饰莲籽。边轮宽，且内高外低形成锥形斜面呈履斗状，这也是这一时期的重要特征。

WADANGJILU

莲花纹瓦当

时代：唐代
材质：灰陶
出处：杜建勇先生珍藏
当径：16厘米
当厚：1.8厘米
瓦宽：16.3厘米
边轮：2.2厘米

此莲花纹瓦当，为杜建勇先生所有，得于平遥城新道巷一处民宅地基挖掘现场。当径16厘米，带有3—4厘米瓦身，纹饰是“单瓣莲花纹”。当心凸起的莲蓬、“T”形突棱、乳钉纹、凸弦纹、2.2厘米的“苙斗式”边轮，无不符合唐代特征，分析得出此瓦当埋于附近的殿宇废墟中，不知在历史上的哪一年被移来当奠基的填土，所幸的是此瓦当夹杂在其中，又被埋入地基中，沉睡了若干年。由此可见唐代平遥城的建筑是何等宏伟壮观。

WADANGJILU

莲花纹瓦当

时代：唐代
材质：灰陶
出处：三桥藏友
当径：12.4厘米
当厚：1.5厘米

WADANGJILU

莲花纹瓦当

时代：唐代
材质：灰陶
出处：三桥藏友
当径：12.6厘米
当厚：1.2厘米

WADANGJILU

莲花纹瓦当

时代：唐代
材质：灰陶
出处：藏友
当径：14.5厘米
当厚：2.3厘米

WADANGJILU

花卉纹瓦当

时代：唐、宋

材质：灰陶

出处：藏友

当径：11.8厘米

当厚：11厘米

瓦身长：27.5厘米

瓦身有环状三线并列旋切纹；瓦当背有刀刻纹；瓦腹的布纹刀划钉眼为圆孔，瓦身、瓦当面均有变形。

此荷花纹瓦当，圆平、无廓，主题纹饰凸显于当面，当径11.8厘米，当面与瓦身均烧造变形，纹饰脱离了几何纹样，花卉独立于当面，瓦廓已退去。唐、宋时期的瓦当，无论兽面、花卉大多无边轮，纹饰以浮雕形式凸于当面，此瓦当荷花硕大、占据当面三分之二，荷干弯曲清秀，荷叶娇小弯曲，画面舒展自由，楚楚动人。此外，荷之形态、特征、气质与佛教主张的清静相合，而瓦身有钉孔装饰于寺庙、殿宇，恰好印证了荷与佛教文化的息息相关。推断此瓦当为唐代的图案“荷莲”过渡到宋人写实的花卉时期的产物。

WADANGJILU

花卉纹瓦当

时代：宋代
材质：灰陶
出处：藏友
当径：13厘米
当厚：1.1厘米
瓦身长：33厘米

瓦当形制以大半圆处分为上下两部分，下半部分以朵瓣的形式以饰当面，形成两个不同的直径。当面最大直径13厘米，边轮与当面用两条凸弦纹装饰。两条凸弦纹形成了中间的凹槽，使当面纹饰主题更加突出，外凸弦纹沿边轮弧曲线勾勒，与第二条弦纹截然分割成两个画面，第二条凸弦纹以纹饰为中心环绕一周，凸显出当心纹饰的层次叠加感。花卉纹饰以浮雕的手法表现，中心用连珠纹刻画出九朵菊瓣，中间花蕊又低于花瓣，弯叶与卷草相见的环饰又低于花蕊，衬托出了主题纹饰。从而形成一个错落有致、别样生动的画面，一股唐人之风夹带着宋人的雅致扑面而来。写实性花卉纹始于宋代，菊、荷又是宋代花卉纹的主要题材，所以此瓦当为宋代无疑。

WADANGJILU

莲花纹瓦当

时代：宋代
材质：灰陶
出处：古建公司仓库
当径：12厘米
当厚：1.6厘米
瓦身长：29厘米

此瓦当得于古建公司仓库，为宋、元制作，纹样题材是荷花纹。瓦当面径12厘米，瓦身厚重，胎质细密，风蚀严重。瓦当形制上部圆平，下部朵边，连珠纹饰于外廓，当心与外廓持平，凸弦纹将当面分成内外两部分，当心是一朵盛开的荷花，两片花瓣用线条双钩，当面略去了枝叶无任何配饰，突出了主题，简洁、古朴而大方，君子之气扑面而来。

WADANGJILU

菊花纹瓦当

时代：元、明
材质：灰陶
出处：古建筑工地
当径：11厘米
当厚：1.3厘米
瓦身长：30厘米

WADANGJILU

花卉纹瓦当

时代：宋代

材质：灰陶

出处：藏友

当径：9.3厘米

当厚：1.2厘米

此花卉纹瓦当有残，当面纹样为典型的宋代纹饰，当径9.3厘米，当厚1.2厘米，从瓦当形制、尺寸判断应为墓室出土，或特殊建筑使用，这是鉴别判断瓦当时代的标准参照物。

WADANGJILU

牡丹纹瓦当

时代：宋、元

材质：灰陶

出处：古建公司仓库

当径：12.5厘米

当厚：1.2厘米

瓦宽：13.5厘米

瓦身长：31.5厘米

WADANGJILU

花卉纹瓦当

时代：宋、元

材质：灰陶

出处：杜建勇先生珍藏

当径：12厘米

当厚：1厘米

瓦宽：12.5厘米

瓦身长：28厘米

此瓦当圆形朵边，为杜建勇先生所藏。当面无边轮，凸弦纹沿朵边一周，花卉为菊类，枝干、叶、花蕊俱全，纹饰以浮雕形式装饰，三角形叶围绕当心一周，花蕊为碎块状，三角叶下有半轮复叶，叶脉清晰可数，主题纹饰似盛开之葵花，无边轮之瓦当应为宋代特有形制。

WADANGJILU

菊花纹瓦当

时代：宋、金

材质：灰陶

出处：古庙遗址

当径：12.8厘米

当厚：1.5厘米

瓦身长：32.5厘米

WADANGJILU

荷花纹瓦当

时代：宋、元

材质：灰陶

出处：古庙遗址

当径：11厘米

当厚：1厘米

瓦宽：12.5厘米

瓦身长：26.8厘米

WADANGJILU

变形花卉纹瓦当

时代：辽、金

材质：灰陶

出处：古庙遗址

当径：11厘米

当厚：1厘米

瓦身长：30.5厘米

WADANGJILU

荷花纹瓦当

时代：元、明
材质：灰陶
出处：古庙遗址
当径：11.5厘米
当厚：1.2厘米
瓦身长：25厘米

荷花纹出现于宋、辽、金、元时代，当面纹饰用一条凸弦纹与边轮分开，外廓下部用朵瓣边与如意头装饰。当面主题是一朵盛开的正面荷花，荷花以高浮雕手法表现于当面正中位置。荷叶枝蔓出于水面，布满整个画面，将荷的君子品质，中通外直的性格，展露给了世人。辽、金时期的北方地区流行的花卉瓦当，纹饰形制以装饰图案为主；南宋时期的洛阳、巩县中原地区则常以写实的手法将花卉纹表现于当面，但无论宋、元，还是辽、金均未发现类似出土瓦当的图录，推测此瓦当应为元、明过渡时期产物。

WADANGJILU

荷花纹瓦当

时代：明代
材质：灰陶
出处：李建生先生收藏
当径：12厘米

WADANGJILU

菊花纹瓦当

时代：明代
材质：灰陶
出处：古庙遗址
当径：10.5厘米
当厚：1厘米
瓦身长：25厘米

WADANGJILU

如意头菊花纹瓦当

时代：明代
材质：灰陶
出处：泥瓦匠
当径：11.5厘米
当厚：1.3厘米
瓦身长：29厘米

WADANGJILU

朵边菊花纹瓦当

时代：明代
材质：灰陶
出处：古城民居
当径：12厘米
当厚：1厘米
瓦身长：26厘米

WADANGJILU

花卉纹瓦当

时代：明代

材质：灰陶

出处：古庙遗址

当径：10厘米

当厚：1.1厘米

瓦身长：21.5厘米

此瓦当纹饰鲜见，纹饰构图、取材有宋人遗风，所奇之处是有叶、有蔓、有果，唯不见有任何花朵，形制、边轮较宽，纹饰深陷于当面，凸弦纹随纹饰置于廓内，瓦当面径10厘米，根据瓦身钉孔可判断为殿宇或官舍使用之物。

WADANGJILU

果实花卉纹瓦当

时代：明代

材质：灰陶

出处：泥瓦匠

当径：11.5厘米

当厚：1.2厘米

瓦身长：23厘米

WADANGJILU

菊花纹花边瓦当

时代：明代
材质：灰陶
出处：古庙遗址
当径：12厘米
当厚：1.1厘米
瓦身长：23厘米

WADANGJILU

三角形花卉纹

时代：明代　　材质：灰陶
出处：古建公司仓库
当径：15厘米
当高：9厘米
当厚：1厘米
瓦身长：4.5厘米
瓦宽：15.5厘米

WADANGJILU

花卉纹瓦当

时代：明代
材质：灰陶
出处：古玩商
当径：12厘米
当厚：1.2厘米

WADANGJILU

荷花纹如意头瓦当

时代：明代
材质：灰陶
出处：古庙遗址
当径：11厘米
当厚：1.2厘米
瓦身长：27.5厘米

WADANGJILU

垂生荷花纹瓦当

时代：明代
材质：灰陶
出处：古城民居
当径：11厘米
当厚：1.1厘米
瓦身长：25厘米

瓦当朵边如意头，凸弦纹随如意头生出小尖，打破了圆的陈规，瓦当纹饰朵荷凸显，为下垂式，正在开放中的花蕊半露，周围配以梗叶，而花端三叶、两叶随边而弯，与垂花、如意头相映成趣，瓦当为明代制作。

WADANGJILU

花卉纹瓦当

时代：明代
材质：灰陶
出处：古建公司仓库
当径：12.5厘米
当厚：1厘米
瓦身长：31厘米

WADANGJILU

菊花纹瓦当

时代：明代　　材质：灰陶
出处：梁村广胜寺
当径：11厘米
当高：9厘米
当厚：0.8厘米
瓦身长：21厘米

WADANGJILU

荷花纹瓦当

时代：明代
材质：灰陶
出处：古庙遗址
当径：12.5厘米
当厚：1厘米
瓦身长：31.5厘米

WADANGJILU

花边菊花纹瓦当

时代：明代
材质：灰陶
出处：古城民居
当径：11.5厘米
当厚：1厘米
瓦身长：24厘米

WADANGJILU

荷花纹瓦当

时代：元明
材质：灰陶
出处：古庙遗址
当径：12厘米
当厚：1.1厘米
瓦身长：21.5厘米

荷花纹瓦当是随佛教传入而流行的，荷即莲，莲即荷，荷具君子品质，中通外直，为人们所追崇。平遥内、外城历史上共有寺、观、庵堂、宗祠90多座，所以荷莲瓦当、滴水，数量、品种相对居多，此瓦当纹样舒展奔放，结构自由，主题纹饰——荷花，以不对称的构图勾勒出荷花开放之动感，当面留白处配饰为卷草纹，满而不繁，主而不独，意境优美，纹样写实。

WADANGJILU

菊花纹瓦当

时代：明代

材质：灰陶

出处：古建公司仓库

当径：11.5厘米

当厚：1.2厘米

瓦身长：32厘米

瓦当圆平，当径11.5厘米，瓦身硕长，胎质细密，凸弦纹与纹饰皆高出当面，纹样为狮头菊，花瓣弯而有卷，状如卷发，花蕊硬直、简洁，花瓣层次分明，疏密有致，菊花简洁而矫健，岁月的“碱白”正好把纹饰装点成了傲霜菊。

WADANGJILU

朵边菊花纹瓦当

时代：明代
材质：灰陶
出处：古庙遗址
当径：11厘米
当厚：1.5厘米
瓦身长：25厘米

此菊花纹瓦当，当心菊瓣双钩刻画并在花瓣中刻筋数道，中间乳突为花蕊，瓣边相叠，间隔均匀，且紧密相依，菊叶同心协力，迎风逆向旋转，弯而不屈，傲然盛开于风霜中。

WADANGJILU

菊花纹瓦当

时代：明代
材质：灰陶
出处：古庙遗址
当径：11.8厘米
当厚：1.2厘米
瓦宽：13.5厘米
瓦身长：27厘米

菊花自古被文人捧为四君之一。菊花素洁淡雅、凌霜不凋的品格与自然美变为艺术美的别具一格的匠心，成为平遥建筑构件纹饰的主要题材。此瓦当的菊花纹饰，菊花居中凸显，花心变形为长方菱形，配饰花瓣纷呈，枝叶婀娜，左右对称流畅，上下交错，与主体纹饰菊花相映相间。

WADANGJILU

菊花纹瓦当

时代：明代

材质：灰陶

出处：古建工地

当径：11厘米

当厚：1厘米

瓦身长：25厘米

WADANGJILU

花卉纹瓦当

时代：明代

材质：灰陶

出处：古建公司仓库

当径：11.5厘米

当厚：1.2厘米

瓦身长：30.5厘米

WADANGJILU

荷花纹瓦当

时代：明代

材质：灰陶

出处：飞沿村古建遗址

当径：10.5厘米

当厚：1.2厘米

瓦身长：25厘米

WADANGJILU

菊花纹瓦当

时代：明代　　材质：灰陶

出处：古庙遗址

当径：12厘米

当厚：1.3厘米

瓦宽：13厘米

瓦身长：27厘米

WADANGJILU

菊花纹瓦当

时代：明代

材质：红褐陶琉璃（黄绿釉）

出处：藏友

当径：12厘米

当厚：1厘米

瓦身长：24厘米

此菊花纹瓦当，为黄绿釉琉璃瓦当。陶胎是红褐陶，据研究，为平遥本地（杜村）砖瓦窑烧制。黄绿釉光泽灿烂，犹如水晶。当径13厘米，当厚1厘米，纹饰结构为任意性结构，由花蕊和以单瓣双钩的花瓣组合的朵菊为主题的纹饰，用白描的手法画出抽象的菊叶，弯卷多姿，不规则却从容条理，饰满当面，其烘托的作用发挥到了极致，画面清秀饱满，顿感香气扑鼻。菊花独立纹饰始于宋，而黄绿釉盛于元代，根据瓦身尺寸、形制、应判断为元、明之间制作。

WADANGJILU

菊花纹瓦当

时代：明代　材质：灰陶

出处：泥瓦匠

当径：11.5厘米

当厚：1厘米

瓦宽：12.8厘米

瓦身长：26.3厘米

WADANGJILU

花卉纹瓦当

时代：清代
材质：灰陶
出处：古庙遗址
当径：10厘米
当厚：1.1厘米
瓦身长：21.5厘米

三角形花卉纹瓦当，形制特别。据目前考古发掘资料看，最早发现于宋元时代，纹饰以花卉居多，兽面、动物纹次之。河北磁县观台磁州窑址出土了一种筒瓦，前端瓦头似三角形，上有花卉纹。在内蒙古赤峰敖汉旗出土一件瓦当，近似三角形，纹饰为兽面，背面正中刻有“至大年（1310年）五月口日记”，兽面与平遥出土的元代兽面纹瓦当相似。成乃凡先生藏有一方三角形荷花纹瓦当，也得于平遥古城，同为朵边三角形，纹饰题材也为荷花，只是从纹饰、形制看时代有所不同。此朵边三角形瓦当，无凸弦纹，纹饰陷于当面，以浮雕手法表现，纹饰是宋代典型的单独式荷花纹。从制作工艺看应为清代复制品，从完整的瓦身尺寸分析来看为祠堂或特定建筑物使用，从而也印证了为什么普通建筑物上稀见的原因。

WADANGJILU

花卉纹瓦当

时代：清代
材质：灰陶
出处：泥瓦匠
当径：11.5厘米
当厚：1厘米
瓦宽：12.8厘米
瓦身长：26.3厘米

WADANGJILU

朵边菊花纹瓦当

时代：清代
材质：灰陶
出处：古城民居
当径：10.5厘米
当厚：1.3厘米
瓦身长：24厘米

此瓦当为清代制作，形制为上圆下朵边如意头，收集于古城名居。当面纹饰是菊花纹题材，有心自由结构。凸弦纹乳钉构成花蕊，单瓣双沟的花瓣构成了朵菊的主题纹饰，菊叶弯卷多姿，抽象柔美的线条描绘，将乱而有序的配饰与主体纹饰配合得天衣无缝。

WADANGJILU

花卉纹瓦当

时代：清代
材质：灰陶
出处：泥瓦匠
当径：10.5厘米
当厚：1厘米
瓦身长：26厘米

花卉纹滴水

时代：唐、宋
材质：灰陶
出处：平遥唐墓出土
当径：16厘米
中高：8厘米
瓦宽：16厘米
当厚：1厘米
瓦厚：1.5厘米
瓦身长：17厘米

此滴水是墓室使用之物。此滴水发掘于平遥地区唐、宋时期墓葬时出土，虽经一千多年，但似“昨日新造”，当面纹饰脱模较浅，上部边轮较宽，当面留有“描硃”痕迹。

WADANGJILU

荷花纹瓦当

时代：宋代
材质：灰陶
出处：古建公司仓库
当径：18.5厘米
中高：8厘米
瓦宽：18.5厘米
当厚：1.5厘米
瓦厚：2厘米
瓦身长：32厘米

荷花纹滴水，朵边月形，荷纹饰典雅而不失庄重，当面居中刻画一朵含苞欲放的荷花。花瓣以高浮雕形式表现，两瓣平浮，两瓣下垂，两瓣上包做欲放状。荷花上部剖视效果为花蕊显现，清晰可数，左右各生出一枝形态各异的骨朵，没有缠枝带叶，也不拖泥带水，纤细的凸弦纹勾勒的边轮，使得画面主题纹饰更加彰显出厚重、清美，也通过清廉高洁的花中君子所表现的这种气质，体现出宋王朝重文轻武的国策，和文人士大夫崇尚的大而美的形象。

WADANGJILU

花卉纹滴水

时代：宋代
材质：灰陶
出处：古建公司仓库
当径：18厘米
中高：7.5厘米
瓦宽：19厘米
当厚：1.5厘米
瓦厚：2厘米
瓦身长（残估）：30厘米

此梅花纹滴水，属宋代，纹饰是左右结构，但不再严格对称，梅花也是画家以写意的手法表现，没有用写实来描绘纹饰。花瓣简略成对称的四朵，上下用若干短线条布满花瓣，左右用不规则圆弧表现，中间花蕊用一圆平面装饰。生动灵美，花骨朵随着枝蔓，被随意安排在滴水上翘的左面，成为点睛之笔，一幅宋代文人画浓缩在小小的当面上。

WADANGJILU

菊花纹滴水

时代：宋代
材质：灰陶
出处：藏友
当径：18厘米
中高：7.5厘米

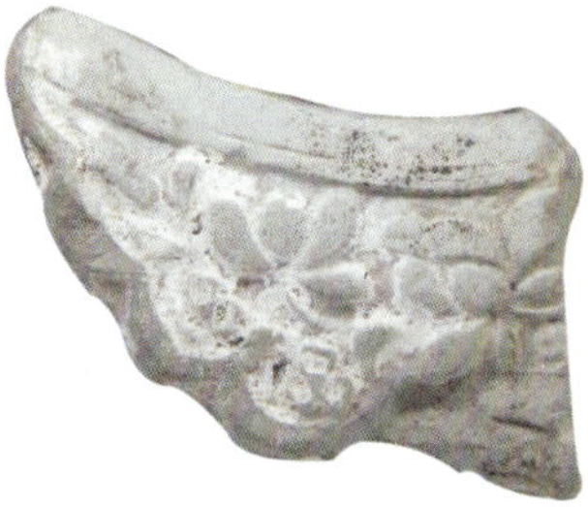

WADANGJILU

花卉纹滴水（残片）

时代：宋代
材质：灰陶
出处：古庙遗址

WADANGJILU

花卉纹滴水

时代：宋代　　材质：灰陶
出处：古建公司仓库
当径：17.5厘米
中高：7.4厘米
当厚：1.4厘米
瓦厚：2厘米
瓦宽：18.5厘米
瓦身长：28.5厘米

WADANGJILU

花卉纹滴水

时代：宋代　　材质：灰陶
出处：古庙遗址
当径：17.3厘米
中高：7厘米
当厚：1.2厘米
瓦厚：2厘米
瓦宽：18厘米
瓦身长：26.5厘米

WADANGJILU

花卉纹滴水

时代：宋代
材质：灰陶
出处：喜村七佛庵
当径：19.5厘米
中高：9厘米
瓦宽：19.5厘米
当厚：1.3厘米
瓦厚：2厘米
瓦身长：30厘米

此滴水朵边月形，花卉纹为左右结构，花开两朵，枝从中分，枝叶婀娜多姿，朵花热情奔放；当面纹饰满而不繁，艳而不俗。

WADANGJILU

花卉纹滴水

时代：宋代　　材质：灰陶
出处：泥瓦匠
当径：17厘米
中高：7.5厘米
瓦宽：18.3厘米
瓦厚：1.8厘米
瓦身长：29.5厘米

WADANGJILU

花卉纹滴水

时代：宋代
材质：灰陶
出处：古寺庙遗址
当径：14厘米
中高：7厘米
瓦宽：16厘米
当厚：1.0厘米
瓦身长：24厘米

此滴水残缺，所缺部分是月形凸弦纹。唯中间花卉纹饰基本留存，枝、茎、叶、花或缠绕或绵延，此种形制的花卉纹流行于宋、辽、金，纹饰花卉主要有荷、莲、菊、牡丹。滴水纹饰似菊非菊，似莲而又不是莲，五个花瓣用线条刻画，用网纹小圆装饰中间花蕊，甚是蹊跷，同魏、唐莲花纹瓦当纹饰有相似之处。莲瓣缩为五朵，每朵花瓣用五根线条刻画，中间网状纹小圆装饰的花蕊，正是莲子无疑。枝干或弯或折延展出花朵与两片枝叶，干净、简洁。“出淤泥而不染，濯清涟而不妖。”莲花纹与佛教的兴起，息息相关，月状滴水始于唐、宋，且花卉纹瓦当、滴水又盛于宋、辽，据此判断，应为宋代制作。

花卉纹滴水

时代：宋代
材质：灰陶
出处：古寺庙遗址
当径：17.5厘米
中高：7厘米
瓦宽：19厘米
当厚：1.5厘米
瓦厚：2厘米
瓦身长：29.5厘米

梅花纹滴水，当宽17.5厘米，中高7厘米，月牙形，一条粗壮的凸弦纹随形而绕，纹饰结构对称。此梅花纹题材的滴水是典型的宋、辽花卉纹风格，梅花、骨朵、枝蔓左右对称布置于当面。梅花其高贵的品质、优美的形态跃出当面。宋代文人异乎寻常地喜欢梅花，千古绝唱，信手可拈，“墙角数枝梅，凌寒独自开。遥知不足雪，为有暗香来”；“无意苦争春，一任春芳妒”；“零落成泥碾作尘，只有香如故”；“梅花开尽百花开，过尽行人君不来。不趁青梅尝煮酒，要看细雨熟黄梅”。梅花纹的装饰在宋代丰富起来，梅花画谱也已出现，花卉装饰受到文人画的影响，由朵花图案的装饰手法，向折枝写实的绘画发展，从形制、尺寸、工艺、纹饰看，应为宋代滴水。

WADANGJILU

荷花纹滴水

时代：辽代
材质：灰陶
出处：古寺庙遗址
当径：14厘米
当高：5.5厘米
瓦宽：10厘米
瓦身长：25厘米

WADANGJILU

花卉纹滴水

时代：辽、金
材质：灰陶
出处：古城民居
当径：12.2厘米
中高：6.5厘米
当厚：1.1厘米
瓦身宽：13.5厘米
瓦身长：25厘米

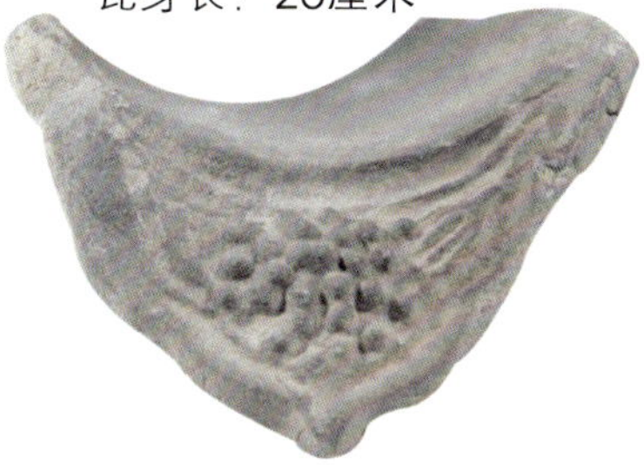

WADANGJILU

花卉纹滴水

时代：辽、金　　材质：灰陶
出处：泥瓦匠
当径：16厘米
中高：7厘米
当厚：1.2厘米
瓦厚：2.1厘米
瓦身宽：19厘米
瓦身长：31.5厘米

WADANGJILU

花卉纹滴水（残）

时代：宋代　　材质：灰陶
出处：藏友
当径：15.8厘米
中高：7厘米

WADANGJILU

花卉纹滴水

时代：宋、辽

材质：灰陶

出处：古庙遗址

当径：21.5厘米

中高：8厘米

瓦厚：2厘米

当厚：1.5厘米

瓦身长：31.5厘米

滴水形状如新月，主题纹饰为一朵正面带叶茎的盛开的牡丹，当面与边轮间有凸弦纹一周，枝和叶缠绕着翘起的两端延伸。滴水径宽21.5厘米，中高9.2厘米。晋中地区，牡丹纹饰的建筑构件较少，是南北文化交融的产物。宋、辽、金时期的花卉纹流行荷、莲、牡丹、菊纹样形制的滴水，往往与瓦当相配。从胎质、瓦身尺寸、工艺纹饰综合分析，此滴水为宋、辽之物。

WADANGJILU

花卉纹滴水

时代：宋、元　　　材质：灰陶

出处：梁村积福寺

当径：19.5厘米

中高：10.5厘米

瓦厚：2厘米

当厚：2.7厘米

瓦宽：21厘米

瓦身长：28.5厘米

WADANGJILU

花卉纹滴水

时代：明代
材质：灰陶
出处：古建工地
当径：15.5厘米
中高：7.5厘米
瓦宽：15.5厘米

WADANGJILU

花卉纹滴水

时代：明代
材质：琉璃（孔雀蓝釉）
出处：古城民居
当径：14.5厘米
中高：7厘米
当厚：0.8厘米
瓦宽：16厘米
瓦厚：1.5厘米
瓦身长：26厘米

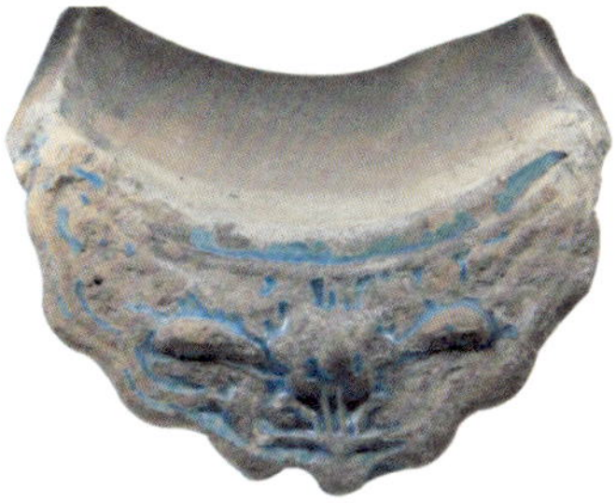

WADANGJILU

花卉纹滴水

时代：明代　　材质：灰陶
出处：古庙遗址
当径：16厘米
中高：9.5厘米
当厚：1.5厘米
瓦厚：2厘米
瓦宽：8.5厘米
瓦身长：30厘米

WADANGJILU

荷花纹滴水

时代：明代　　材质：灰陶
出处：泥瓦匠
当径：14.5厘米
中高：6.5厘米
瓦厚：2厘米
瓦宽：16.5厘米
瓦身长：26.5厘米

WADANGJILU

花卉纹滴水

时代：明代　　材质：灰陶
出处：古庙遗址
当径：14.5厘米
中高：6.5厘米
当厚：1.1厘米
瓦宽：14厘米
瓦厚：2厘米
瓦身长：26.5厘米

WADANGJILU

花卉纹滴水

时代：明代
材质：灰陶
出处：古庙遗址
当径：14厘米
中高：6.5厘米
当厚：1.1厘米
瓦宽：16.8厘米
瓦厚：2厘米
瓦身长：26.5厘米

WADANGJILU

花卉纹滴水

时代：明代　　材质：灰陶
出处：古城民居
当径：14厘米
中高：7厘米
当厚：1.4厘米
瓦厚：2.2厘米
瓦宽：15.5厘米
瓦身长：23.2厘米

WADANGJILU

花卉纹滴水

时代：明代
材质：琉璃（孔雀蓝釉）
出处：杜村关帝庙
当径：14.5厘米
中高：6.5厘米
当厚：1厘米
瓦宽：15.5厘米
瓦身长：26.5厘米

孔雀蓝釉琉璃滴水，红褐陶胎质，为平遥本地生产，当面施釉脱落虽为严重，但残留部分仍光彩夺目，蓝釉鲜艳明亮。

WADANGJILU

花卉纹滴水

时代：明代
材质：灰陶
出处：古庙遗址
当径：17.5厘米
中高：8.5厘米
当厚：0.9厘米
瓦宽：17厘米
瓦身长：26.5厘米

菊花纹滴水，形制是常见的月形，朵边如意头，双凸弦纹勾勒当面，给人一种多层叠加的感觉。纹饰以高浮雕的形式刻画，三朵菊花，大小不一，呈一字形排开。正菊居中，左右对称，纹饰布置得当，三朵菊纹饰花瓣多少不同，瓣层也不同，有三、双、单之别，各具风姿，神韵俱佳，枝蔓、叶杆、穿插点缀于三菊之间，使得当面纹饰分而不散、满而不塞，夹着雨水，带着清香，扑面而来。

WADANGJILU

花卉纹滴水

时代：清代
材质：灰陶
出处：古庙遗址
当径：15.5厘米
中高：6.8厘米
当厚：1.4厘米
瓦厚：1.9厘米
瓦身长：23厘米

WADANGJILU

荷花纹滴水

时代：清代　　材质：灰陶
出处：古庙遗址
当径：13.5厘米
中高：6.5厘米
当厚：1厘米
瓦厚：1.7厘米
瓦宽：17厘米
瓦身长：25厘米

WADANGJILU

花卉纹滴水

时代：清代
材质：灰陶
出处：古城民居
当径：13厘米
中高：7厘米
当厚：1.5厘米
瓦宽：14.5厘米
瓦身长：20.5厘米

WADANGJILU

花卉纹滴水

时代：清代

材质：灰陶

出处：泥瓦匠

当径：16厘米

中高：7.5厘米

瓦身长：22厘米

WADANGJILU

花卉纹滴水

时代：清代

材质：灰陶

出处：古建工地

当径：13厘米

中高：7.5厘米

WADANGJILU

花卉纹滴水

时代：清代

材质：灰陶

出处：古城民居

当径：14厘米

中高：7.5厘米

瓦厚：1.5厘米

瓦身长：25厘米

WADANGJILU

花卉纹滴水

时代：清代　　材质：灰陶

出处：古庙遗址

当径：18.5厘米

中高：7厘米

当厚：1.4厘米

瓦宽：19厘米

瓦厚：2厘米

瓦身长：32厘米

WADANGJILU

花卉纹滴水

时代：清代
材质：灰陶
出处：砖瓦厂仓库
当径：17厘米
中高：9厘米
当厚：1.5厘米
瓦宽：17厘米
瓦身长：23.5厘米

WADANGJILU

花卉纹滴水

时代：清代
材质：灰陶
出处：泥瓦匠
当径：12.5厘米
中高：8厘米
瓦宽：13厘米
瓦身长：24厘米

WADANGJILU

花卉纹滴水

时代：清代
材质：灰陶
出处：泥瓦匠
当径：14厘米
中高：6厘米
瓦宽：16.5厘米
瓦身长：25厘米

WADANGJILU

花卉纹滴水

时代：清代　　材质：灰陶
出处：砖瓦厂仓库
当径：16厘米
中高：8厘米
瓦宽：17厘米
瓦身长：29.5厘米

WADANGJILU

花卉纹滴水

时代：清代
材质：灰陶
出处：泥瓦匠
当径：13.5厘米
中高：6.5厘米
瓦宽：15.5厘米
瓦身长：25厘米

荷、莲同时饰于一个当面实属罕见，形制为“定”字形，朵边有三，凸弦纹粗壮弱化了边轮，两朵小莲花分别饰于滴水两角，莲瓣用细短线刻画，莲蓬彰显，莲子清晰可数。荷花居中，简洁而生动，花瓣姿态各异，花蕊由凸起的乳钉装饰，弱化了枝叶，整个画面构思独具匠心。

WADANGJILU

花卉纹滴水

时代：清代　　材质：灰陶
出处：泥瓦匠
当径：16厘米
中高：8厘米
当厚：1.2厘米
瓦厚：2厘米
瓦宽：16.5厘米
瓦身长：26.5厘米

WADANGJILU

花卉纹滴水

时代：清代　　材质：灰陶
出处：古庙遗址
当径：14厘米
中高：7.3厘米
当厚：1.2厘米
瓦厚：2厘米
瓦身长：27厘米

WADANGJILU

花卉纹滴水

时代：清代
材质：灰陶
出处：古城民居
当径：12厘米
中高：1.2厘米
瓦宽：6厘米
瓦身长：23.5厘米

WADANGJILU

花卉纹滴水

时代：清代
材质：灰陶
出处：古城民居
当径：13厘米
中高：7.3厘米
瓦宽：14厘米
瓦身长：20.5厘米

WADANGJILU

花卉纹滴水

时代：清代　　材质：灰陶
出处：泥瓦匠
当径：15.5厘米
中高：8厘米
当厚：1.4厘米
瓦宽：15厘米
瓦身长：24.5厘米

WADANGJILU

花卉纹滴水

时代：清代　　材质：灰陶
出处：古庙遗址
当径：16.5厘米
中高：9厘米
当厚：1.2厘米
瓦宽：18.5厘米
瓦身长：26厘米

WADANGJILU

花卉纹滴水

时代：清代　　材质：灰陶
出处：泥瓦匠
当径：15.5厘米
中高：8厘米
瓦厚：1.8厘米
当厚：1.1厘米
瓦身长：25.5厘米

“文革”瓦当是近现代特殊历史时期的产物，这段时间很短暂，但也绽放出了那段特殊的历史文化，在瓦当的使用和收藏史中是不可或缺的。它具备了珍稀品种两大要素，其一使用历史时间短，存世量必然稀少；其二特定时期的文化体现。

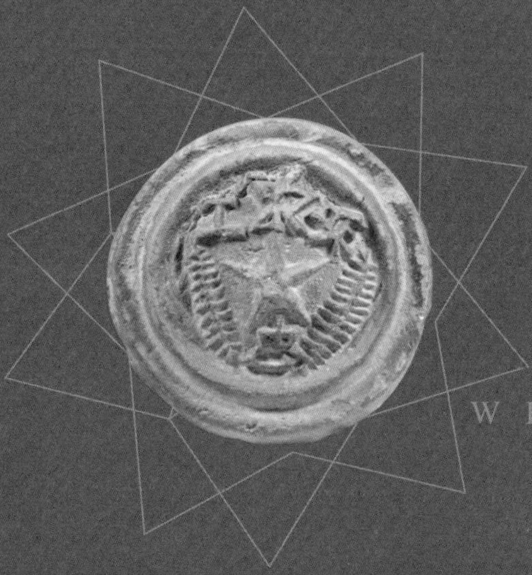

“文革”瓦当

WENGEWADANG

WADANGJILU

"文革"瓦当

时代：近现代
材质：灰陶
出处：泥瓦匠
当径：10.5厘米
瓦宽：11.5厘米
当厚：1.1厘米
瓦身长：14.8厘米

"文革"瓦当，近现代制作。由于时间较短，所以存世量较少，是这一特定历史时期中产生的独特的文化产物，此瓦当边轮功能弱化，凸弦纹粗壮，当面上部正中饰有"工农兵"三字；正中饰以共产党领导下的新中国的重要标志"五角星"；两侧面饰象征农业生产的"麦穗"。

五角星的下面所饰的是要传递出的重要信息："忠"，"忠于毛主席，忠于毛泽东思想，忠于毛泽东的革命路线"，反映出了那个时代的人们对"三忠于"的狂热追求。"文革"瓦当将政治、经济、文化艺术和传统工艺等融合在了一个小小的瓦当上，具有鲜明的时代气息。由于"文化大革命"时期反对繁杂无用的艺术，提倡简洁，所以雕刻制作工艺相对粗糙，但由于此类瓦当的稀少，还是极具收藏价值。

抱柱瓦是易县燕下都所特有的品种，瓦身的三角形黻黼纹交错排列分成两组。黻黼是古代重要的服饰纹样，是冕服十二章花纹中的两种纹样。黻是半黑半白的斧形图案，代表割断之意；黼是图案，左青而右黑，取其向背而代表背恶向善之意，瓦高一般在90—100厘米之间，是为保护、装饰宫殿大柱而烧造的。

战国抱柱瓦

ZHANGUOBAOZHUWA

WADANGJILU

战国抱柱瓦

时代：战国·燕

材质：灰陶

出处：易县燕下部

当径：18厘米

瓦宽：34厘米

瓦身长：100.2厘米

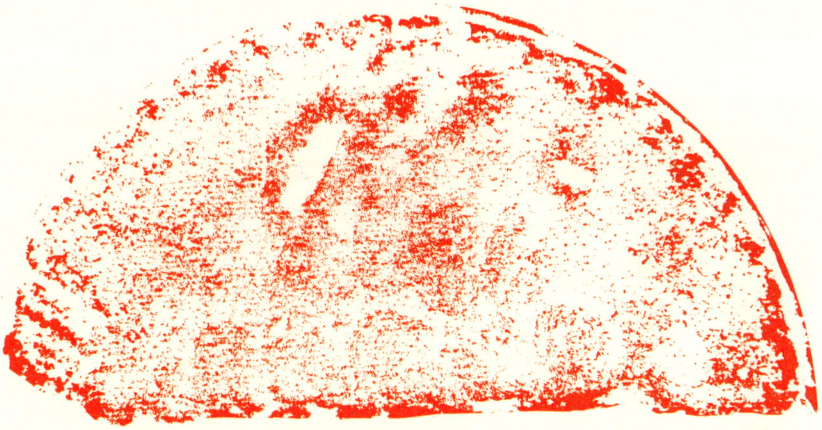

西周素面纹瓦当拓片

战国饕餮纹瓦当拓片

云纹半瓦当拓片

西汉云纹瓦当拓片

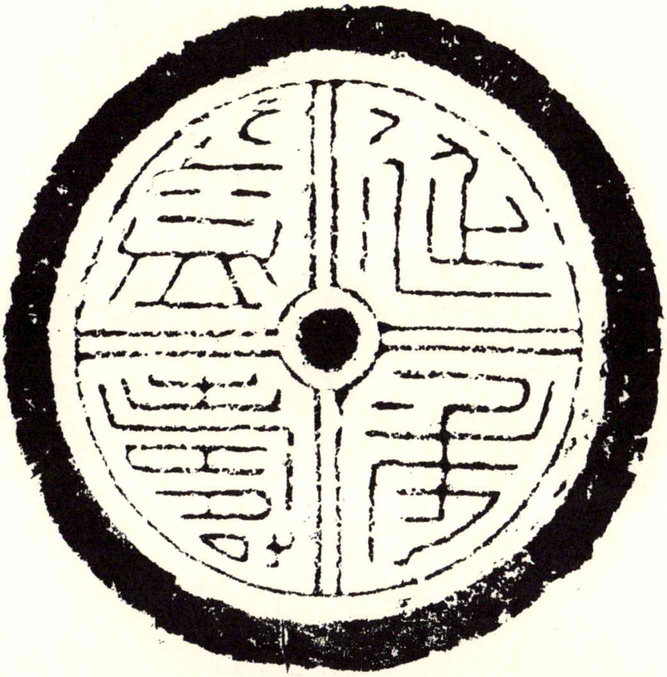

“延年益寿”瓦当拓片

西汉云纹瓦当拓片

荷花纹瓦当拓片

明代海马滴水拓片

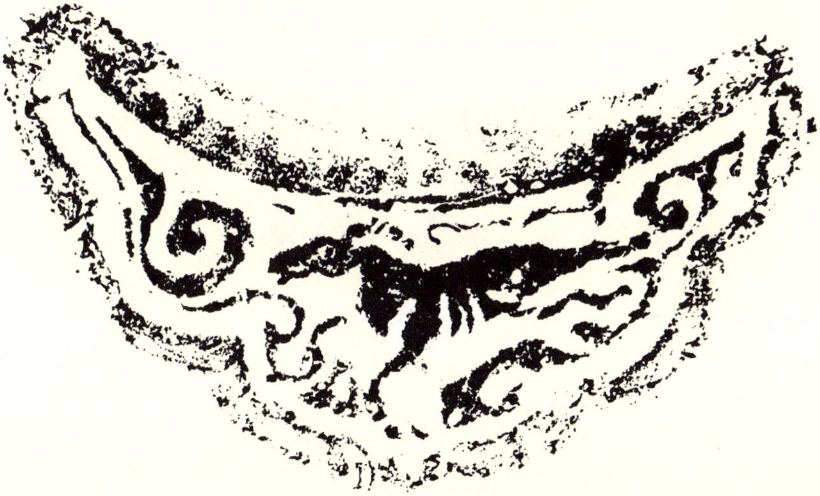

明代云马滴水拓片

战国鹿纹瓦当拓片

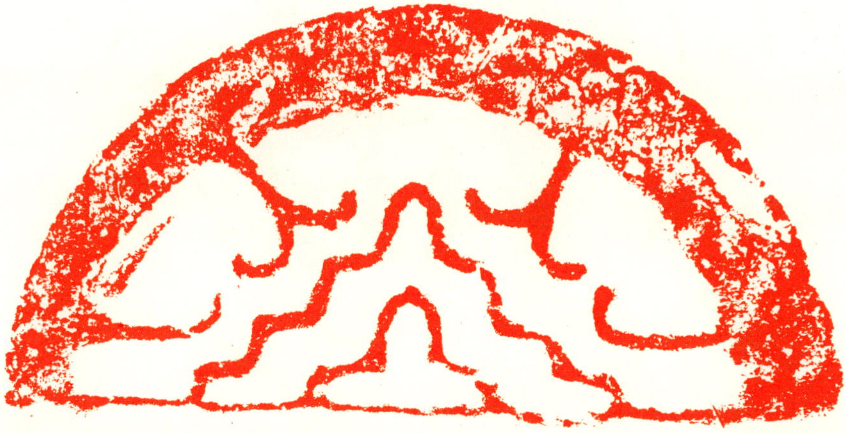

山形云纹瓦当拓片

“福”纹瓦当拓片

“禄”纹半瓦当拓片

人物纹瓦当拓片

兽面纹瓦当拓片

犀牛望月瓦当拓片

犀牛望月瓦当拓片

吉象如意纹滴水拓片

人物纹滴水拓片

“文革”瓦当拓片

参考文献

REFERENCE

瓦当
WADANG

1. 邵磊、沈利华：瓦当收藏知识三十讲——我爱收藏. 北京：荣宝斋出版社，2008.

2. 成乃凡：平遥瓦当. 太原：山西经济出版社，2006.

3. 申云艳：中国古代瓦当研究. 北京：文物出版社， 2006.

4. 程永建：洛阳出土瓦当. 北京：科学出版社， 2007.

5. 郭兵：著椽檐遗珍·中国古代瓦当鉴赏. 太原：山西人民出版社，2010.

后记
POSTSCRIPT

瓦当
WADANG

多年前，在城内一处古建遗址拾得一枚瓦当，上刻瑞兽，半卧而回首，一轮弯月高挂于夜空松枝间，眼传其神，月有诗意，爱而捧归，置于案头。好友郝新喜见之，惊呼：“这是平遥明代的犀牛望月瓦当，十分珍贵，你要好好珍藏啊！这小小一片瓦当可承载着平遥六百多年的历史和文化呀。”从此，我便爱上了瓦当收藏。夜静时分，独坐案边，翻阅拾得的一片片瓦当，将自己置身于时空的隧道中，个中快意是他人无从体味的。

后来，在老师王夷典的书房里，我见到了成乃凡先生著述的《平遥瓦当》，这本书引领我走进了瓦当收藏的殿堂。决心既下，遂倾尽我所藏晋商印章换得郝新喜全部瓦当，并议定专项收藏互不侵占资源，这便是我收藏瓦当的开端。在瓦当收藏的道路上，“金井文社”的社友郝新喜、冯光英、董文贤、胡效武、申凯未、胡晓明以及挚友左东升先生等，给予了我很大的帮助，他们陪我踏遍了平遥的古寺和村庄。此外，我要提到的是平遥古建筑公司的总经理王国和先生、平遥郝洞村古建砖瓦厂厂长康旭先生、西安藏友李健先生，他们有的无偿赠送，有的帮助我收集、购买瓦当珍品，康旭先生还给我介绍了许多平遥传统的瓦当制作工艺流程，充实了我瓦当的收藏，丰富了我瓦当的知识。

在本书的整理、记录和汇编出版过程中，梁慧晶老师用她专业的水平和广博的学识，使我多年的收藏得以展示在世人面前。她利用工作之余和我共同参阅申云艳博士的《中国古代瓦当研究》、邵磊和沈利华先生的《瓦当收藏知识三十讲》、科学出版社出版的《洛阳出土瓦当》，成乃凡先生的《平遥瓦当》，郭兵先生的《椽檐遗珍——中国古代瓦当鉴赏》、浙江古籍出版社出版的《陈介祺藏古拓本选编——瓦当卷》等专业著录来对本书所收瓦当加以注解，使这本书在专业上有了我不敢想象的飞跃和拓展。可以讲没有梁慧晶老师的梳理和编辑，就没有这本书的出版。

特别感谢平遥古城保护功臣、国家建设部历史文化名城研究中心主任、同济大学建筑城市规划学院教授、博士生导师、中国历史文化名城保护专家委员会委员阮仪三先生及西北大学考古系教授、博士生导师、著名考古学家赵丛苍先生，他们能在百忙之中为本书审稿和作序。同时，还要感谢昆曲名家羊建军老师、同济大学国家历史文化名城研究中心陆卫理主任帮助联系专家审稿作序。本书请得汪鸣峰先生题写书名和温中宝先生润色文字，获得山西经济出版社的认可和平遥出版中心主任郭光平先生以及其他同仁的支持，以及平遥县人民政府将本书纳入“平遥传统文化系列丛书”，在此一并表示诚挚的感谢！

邓晓华

2014年10月

图书在版编目（CIP）数据

邓晓华平遥瓦当辑录／梁慧晶著. --太原：山西经济出版社，2015.2

ISBN 978-7-80767-877-9

Ⅰ.①邓… Ⅱ.①梁… Ⅲ.①瓦当（考古）-研究-平遥县 Ⅳ①K876.34

中国版本图书馆CIP数据核字（2015）第027568号

邓晓华平遥瓦当辑录

著　　者：梁慧晶
出 版 人：孙志勇
责任编辑：郭正卿
装帧设计：拓新企划+郭朝晖+丁一

出 版 者：山西出版传媒集团·山西经济出版社
地　　址：太原市建设南路21号
邮　　编：030012
电　　话：0351-4922133（发行中心）
0351-4922085（综合办）
E-mail：scb@sxjjcb.com（市场部）
zbs@sxjjcb.com（总编室）
网　　址：www.sxjjcb.com

经 销 者：山西出版传媒集团·山西经济出版社
承 印 者：山西天辰图文有限公司

开　　本：787mm×1092mm　1/16
印　　张：18
字　　数：210千字
印　　数：1-2200册
版　　次：2015年3月 第1次版
印　　次：2015年3月 第1次印刷
书　　号：ISBN 978-7-80767-877-9
定　　价：98.00元

读者交流邮箱：18635489300@163.com　瓦当拓制工作室：涵瓦斋　0354—5681513　13513546484